기후 위기와
에너지 전환 시대의
에너지 활용법

행동하는 에너지 시민학교

L'AVVENTURA DELL'ENERGIA

Texts by Fabio Leocata – Illustrations by Francesco Fagnani
© 2011, 2017 Librì progetti educativi S.r.l., Firenze - www.librì.it
This agreement was arranged
by FIND OUT Team di Cinzia Seccamani, Italy and Icarias Agency, Korea
Korean translation © 2024 BookInFish Publishing

이 책의 한국어판 저작권은 Icarias Agency를 통해 Librì progetti educativi S.r.l.와 독점 계약한 도서출판 책속물고기에 있습니다.
저작권법에 의하여 한국 내에서 보호를 받는 저작물이므로 무단전재와 복제를 금합니다.

사진 출처
34쪽, 35쪽, 74쪽, 75쪽, 91쪽 Public domain
54쪽 Wikimedia, Michiel1972
55쪽 Wikimedia, Joker345
90쪽 Wikimedia, Geof Sheppard

기후 위기와
에너지 전환 시대의
에너지 활용법

행동하는 에너지 시민학교

파비오 레오카타 글 | 프란체스코 파냐니 그림
김현주 옮김 | 서울과학교사모임 감수·추천

책속물고기

따뜻한 안내, 에너지 시민으로 거듭나기 :
우리의 선택과 행동이 만드는 미래

    기후 변화, 기후 위기를 이야기하는 책들은 많습니다. 대부분 개인의 행동에 초점을 맞추고 있지요. 하지만 이 책은 다릅니다. 인류를 위협하는 기후 문제뿐만 아니라 에너지의 중요성에 대해서도 이야기합니다.

    인간은 산업 생산을 통해 경제 발전을 이루고, 편리한 생활을 추구하기 위해 많은 에너지를 사용해 왔습니다. 이 책의 핵심은 그로 인해 발생한 여러 문제점을 지적하고, 이를 해결하기 위한 방법으로 올바른 에너지 개발과 선택의 중요성을 강조하는 데 있습니다.

    다시 말해, 석탄과 석유와 같은 화석 에너지에서, 태양, 풍력, 바이오 등 재생 에너지로의 전환에 대해 살펴보며, 인간이 사용할 수 있는 에너지의 다양한 측면을 조명합니다. 그리고 우리에게 말합니다. 에너지를 올바르게 선택하여 소비하는 '에너지 시민'이 되라고 말이지요.

    책의 또 다른 포인트는 바로 여기에 있습니다. 책에서는 '토론'을 통해 어린이들이 '에너지 시민'으로 성장하는 것이 왜 중요한지를 알려

줍니다. 이 과정에서 어린이들은 실생활에서 실천 가능한 행동 지침과 교육 환경에서 활용할 수 있는 에너지 시민의 다양한 역할을 이해하고 행동할 수 있게 되는 것이지요.

　더불어 사회적 이슈에 대해 깊이 사유하고, 자기 생각을 자유롭게 표현하며, 타협과 협력을 통해 공동의 목표를 달성하는 방법을 배울 수 있는 소중한 기회를 얻게 됩니다.

　이는 사회적 상호작용에 필요한 공동체 의식을 증진시켜, 어린이들이 '행동하는 에너지 시민'으로서 미래의 주인으로 나아가는 밑거름이 됩니다.

　『행동하는 에너지 시민학교』는 어린이들이 미래를 주도하는데 필요한 통찰력과 책임감을 기르는 새로운 지침서가 될 것입니다.

서울과학교사모임

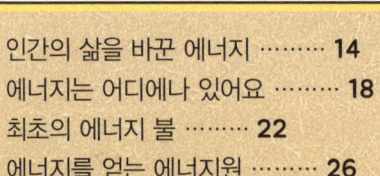

차례

추천사 … 4
프롤로그 에너지 시민학교를 소개합니다 … 8

1교시 인류의 시작과 에너지의 역사

인간의 삶을 바꾼 에너지 ……… 14
에너지는 어디에나 있어요 ……… 18
최초의 에너지 불 ……… 22
에너지를 얻는 에너지원 ……… 26
에너지를 연구한 과학자들 ……… 30

에너지 역사 수업 1 >> 산업 혁명이 뭐예요? … 34

2교시 지구를 괴롭히는 악당이 된 에너지

검은 황금이라 불리는 석유 ……… 38
산업 혁명을 이끈 석탄 ……… 42
일상에서 많이 쓰는 천연가스 ……… 46
무시무시한 힘을 가진 핵에너지 ……… 50

에너지 사회 수업 2 >> 원자력 발전, 위험해요, 안전해요? … 54

3교시 에너지가 가득한 태양

태양과 지구의 거리 ……… 58
돌고 돌아 태양으로 돌아가요 ……… 62
지구로 오는 열에너지와 빛 에너지 ……… 66
재생 에너지원을 찾아요 ……… 70

에너지 과학 수업 3 >> 태양이 언젠가는 사라진다고요? … 74

4교시 지구를 살리는 재생 에너지

빙글빙글 날개를 돌리는 바람 에너지 ……… 78
위에서 아래로 흐르는 물 에너지 ……… 82
밀물과 썰물을 이용한 바다 에너지 ……… 84
땅속 깊이 뜨끈뜨끈 지열 에너지 ……… 86
고소한 바이오 에너지 ……… 88
에너지 미래 수업 4 >> 쓰레기가 에너지가 된다고요? … 90

토론 수업 생각해 봐요. 에너지 시민!

1모둠 기후 위기 ……… 94
2모둠 에너지 불평등 ……… 97
3모둠 기후 불평등 ……… 89
4모둠 재생 에너지 ……… 103
5모둠 에너지를 아끼는 방법 ……… 106

수업을 마치며 제5의 에너지는 에너지 절약

우리가 만들어가는 지속가능한 미래 ……… 110

프롤로그

에너지 시민학교를 소개합니다

교육 목표

에너지부터 재생 에너지까지 개념을 이해하고, 지구를 병들게 하는 환경 오염의 심각성을 인식하고 행동하는 에너지 시민이 될 수 있다.

교훈

에너지를 올바르게 소비하는 시민이 되자!

선생님 안녕하세요. 에너지 시민학교입니다! 무엇을 도와드릴까요?

학부모 에너지 시민학교는 어떤 내용을 가르치는 곳인지 궁금해서 연락 드렸습니다. 상담 가능한가요?

선생님 네, 그럼요. 그 전에 에너지 시민학교에 관심을 가진 이유를 들을 수 있을까요?

학부모 최근 에너지 위기에 대한 이야기가 많아서요. 에너지를 올바르게 사용하려면 어른인 저뿐만 아니라 아이도 함께 이해해야 한다는 생각이 들더라고요.

선생님 아하, 에너지 절약을 위해 에너지 시민학교에 보내려고 하시는 거군요.

학부모 네, 아이가 물이나 전기는 마구 써도 계속 나오는 거라고 생각하더라고요. 그래서 올바른 에너지 사용법에 대해 배우는 것이 좋겠다고 생각했어요.

선생님 물론이죠. 에너지 시민학교에서는 에너지 역사부터 재생 에너지까지 다양한 방면에서 에너지를 이해할 수 있도록 수업을 진행하고 있답니다.

학부모 게다가 지구의 평균 기온이 높아지고 북극의 얼음이 녹는 것이 왜 문제인지를 알려주려고 하다 보니 결국은 에너지에 대해 자세히 알아야겠더라고요.

선생님 정말 훌륭하신 생각이네요. 아이가 스스로 지구의 미래를 책임지는 것은 매우 중요한 일이니까요! 에너지 시민학교를 수료하시면 에너지 시민증도 발급해 드린답니다.

학부모 그럼 빨리 입학 신청해야겠어요. 에너지 시민학교에서 만나 뵙길 기대합니다.

에너지시민학교
수 료 증

이름
생년월일
소속

어린이는 에너지 시민학교에서
수업을 완료하였으므로
이 수료증을 수여합니다.

에너지시민학교 교장

에너지의 역사

인류는 늘 에너지와 함께했어요.
에너지를 발견하고, 에너지를 얻는
새로운 방법이 등장할 때마다
인간의 삶은 더욱 편리해졌어요.

인간의 삶을 바꾼 에너지

어두운 동굴에서 생활하던 선사 시대 사람들은 벼락을 맞아 불타오르는 나무를 보고 어둠을 밝히고 따뜻하게 해 줄 불을 발견했어요.

불의 발견과 함께
에너지의 역사는 시작되었어요

　인류는 아주 오래전부터 에너지를 이용해 왔어요. 하지만 누가, 어떻게 최초로 에너지를 이용했는지는 알 수 없어요. 정확한 건 아무도 모르지만 상상은 해 볼 수 있지요.

　아주 오랜 옛날 선사 시대 사람들은 동굴에 살고 있었어요. 동굴은 뜨거운 태양과 비바람을 피하고, 위험한 동물들로부터 보호받을 수 있는 집이었으니까요. 하지만 동굴 안은 깜깜했어요. 안쪽까지는 빛이 들어오지 않았고, 전구나 형광등 같은 건 당연히 없었지요. 선사 시대 사람들은 동굴 안에서도 생활을 해야 하니까 동굴을 밝힐 수 있는 뭔가가 필요했어요. 아이들도 동굴 벽에 순록과 매머드를 그리며 놀아야 하잖아요. 선사 시대 사람은 한참을 고민하다가 벼락을 맞고 불타오르는 나무를 본 기억을 떠올렸어요. 활활 타오르는 불꽃이라면 동굴 안을 환하게 밝히고 추운 날에는 따뜻하게 해 줄 거라고 생각했지요.

　선사시대 사람들이 '불'을 발견한 것처럼, 인류는 진화하면서 새로운 에너지 아이디어들을 번개처럼 번쩍하고 계속 떠올렸어요. 끝이 보이지 않는 넓은 바다를 건너기 위해 배에 돛을 달았고, 거친 황무지를 일구기 위해 소에 쟁기를 매었어요. 잘 익은 곡식을 빻기 위해 높은 곳에서 물을 떨어뜨려 물레방아가 돌아가도록 했지요.

석탄은 증기 기관차가 증기를 내뿜으며 달리게 했고, 천연가스를 이용해 도시의 가로등을 밝혔어요. 이뿐만 아니라 석유는 자동차와 비행기를 움직이는 연료가 되었고, 형광등이나 LED 전등은 어두운 밤을 환하게 만들어 주었지요.

시간이 흐르고 흘러 선사 시대 사람에게서 시작된 모든 아이디어가 현실이 되었어요. 에너지의 역사는 아직 끝나지 않았고 앞으로도 계속될 거예요. 적어도 인류가 존재하는 날까지는 말이죠.

하지만 에너지의 역사가 계속 이어지기 위해서는 고민해야 할 것들이 있어요. 편리함과 이익을 위해서 에너지를 낭비하고 있지는 않은지, 에너지 사용으로 인해 지구가 병들고 있지 않은지 살펴보아야 하지요.

물레방아, 증기 기관차,
자동차, 비행기……
사람들이 떠올린 아이디어들은
모두 이루어졌어요. 그렇게
에너지의 역사가 시작되었지요.

에너지는 어디에나 있어요

에너지라는 말은 고대 그리스어에서
'내부'를 의미하는 en과
'힘'을 의미하는
ergon에서 유래되었어요.

에너지는 형태를 바꿀 수 있지만 총량은 달라지지 않아요

 에너지는 이 모습에서 저 모습으로 다양하게 형태를 바꿀 수 있어요. 하지만 에너지의 총량은 달라지지 않지요. 과학자들은 이걸 보고 에너지가 보존된다고 하여 '에너지 보존의 법칙'이라고 말해요.
 에너지를 간단하게 정의하면 움직이거나 일을 할 수 있는 능력이에요. 우리가 밥을 먹고, 가방을 메고 학교에 가고, 친구들과 장난을 치고, 숙제를 하고 잠을 자는 모든 행동을 하기 위해서는 에너지가 필요하지요. 우리 몸을 움직이게 하는 게 바로 에너지랍니다.

에너지는 어디에나 있어요. 물질에도 있고, 자연 현상에도 있고, 생명체에도 있어요. 이를테면 불어오는 바람에도 있고, 높은 산에서 흘러내리는 물에도 있지요.

움직이는 모든 물체에는 '운동 에너지'가 있어요. 또한, 높은 곳에 있는 모든 물체에는 '위치 에너지'가 있어요. 가전제품을 작동시킬 때 사용하는 전기도 에너지예요. 그래서 '전기 에너지'라고 부르지요.

석탄이나 석유가 탈 때는 '열에너지'가 나와요. 그리고 서로 다른 물질이 화학적으로 결합해 새로운 물질이 될 때는 '화학 에너지'가 생겨요. 예를 들어, 우리가 설탕을 먹으면 설탕은 분해되어 세포 안에서 산소와 결합하게 돼요. 이때 화학에너지와 열에너지가 나오게 되는 것이지요. 이처럼 우리가 먹은 음식은 분해되고 소화되면서 화학 에너지로 저장되어 있다가 근육을 움직일 때 사용된답니다.

　물체가 내는 소리에는 '소리 에너지'가 있어요. 물체가 뿜는 빛에도 '빛 에너지'가 있답니다. 그러니까 반짝이는 전구에도, 눈부시게 빛나는 태양에도 빛 에너지가 있지요.

　너무 작아서 눈에 보이지 않지만 모든 물질을 이루는 알갱이인 원자는 원자핵과 전자라는 더 작은 알갱이로 이루어져 있어요. 작디작은 원자핵에는 아주 커다란 '핵에너지'가 있지요. 핵에너지는 원자핵끼리 부딪쳐서 쪼개질 때 엄청난 양의 빛 에너지와 열에너지가 뿜어져 나와요.

　에너지가 이렇게나 많다는 사실에 놀랐나요? 이제 우리는 다양한 에너지를 잘 이용하는 방법만 알면 돼요.

최초의 에너지 불

불은 선사 시대 사람들의 생활을
편리하게 해 주었어요.
사람들은 불을 발견한 뒤로 바람과 물,
지구 깊숙한 곳에서
에너지를 찾으려고 했지요.

불의 열에너지와 빛 에너지는 인간의 삶을 편리하게 해 주었어요

인류가 최초로 에너지를 이용하게 된 건 사실 발견에 가까워요. 선사 시대 사람들은 나무가 벼락을 맞아서 불타는 것을 보고 불을 얻거나, 펄펄 끓는 뜨거운 용암에 막대기를 넣어서 불을 얻었을 거예요. 확실한 것은 이처럼 생활 속 경험을 통해 에너지를 알게 되었고, 열에너지와 빛 에너지를 사용하는 법을 익히게 되었다는 거예요.

그리고 그때부터 불은 선사 시대 사람의 생활을 훨씬 더 편리하게 해 주었어요. 동굴을 밝히고 따듯하게 하는 것뿐만 아니라 위험한 동물을 쫓을 수도 있었거든요.

불을 이용하여 음식을 익혀 먹으니 더 맛있고 소화도 잘되었죠. 어쩌면 환하게 타오르는 모닥불 주위로 사람들이 모여 앉아 누군가에게 재미있는 이야기를 해 달라고 했을 수도 있어요.

수천 년이 흐르는 동안에 불의 열에너지와 빛 에너지는 음식을 데우고, 금속을 녹이고, 빵을 굽고, 심지어 바닷가에 널린 모래를 유

연소

열 ▶
이것이 열원이에요

연료 ▶
정화되는 물질에요

▲
산소
우리 주변의 공기예요
▼

리로 바꾸는 데에도 쓰였답니다.

 불은 연소라는 과정을 통해 에너지를 방출하는데 이 과정이 일어나려면 연료와 열, 그리고 산소 이렇게 세 가지 요소가 필요해요. 연료가 산소와 결합해 연소하면 빛과 열을 내놓는데 이때 발생하는 빛과 열이 바로 불이지요.

 불을 발견한 뒤로 인류는 어디서든 에너지를 찾으려 했어요. 바람과 물에서도 찾고, 동물의 발에서도 찾고, 지구 깊숙한 곳에서도 에너지를 찾았지요. 그와 동시에 인류는 다양한 에너지를 이용하기 위해 점점 더 정교한 도구를 발명했어요. 수메르인들은 바퀴를 발명해 수레를 만들어 동물이 끌게 했어요. 동물의 운동 에너지를 이용한 것이지요. 배에는 돛을 달아 바람의 힘으로 움직일 수 있게 했어요.

지식을 담은 **지식** 전지

불을 사용하면서 인간은 똑똑해졌다!

　과학자들의 연구에 따르면 인간의 뇌는 고기를 익혀 먹게 되면서 뇌 용량이 3배 정도 늘어났다고 해요. 음식을 익히면 날것을 먹을 때보다 더 많이 섭취할 수 있고, 영양을 흡수하는 데 걸리는 시간은 줄어들어요. 그러니까 다른 일을 할 수 있는 시간이 생기게 되지요. 게다가 익힌 음식은 기생충에 감염되거나 식중독에 걸릴 일도 적어져요. 그리고 음식을 요리해서 먹으면서 정해진 시간에 함께 식사를 하게 되었지요. 즉 불을 사용해 음식을 요리해 먹으면서 인류의 문명이 발달하게 되었답니다.

에너지를 얻는 에너지원

사람들은 음식을 통해 활동할 에너지를 얻어요.
그리고 일상에서 가장 많이 사용하는
에너지원은 화석 연료와 재생 에너지이지요.

화석 연료는 한정되어 있지만 재생 에너지는 계속 이용할 수 있어요

에너지를 얻을 수 있는 물질을 '에너지원'이라고 불러요. 에너지원은 아주 다양하지요.

사람이 활동하기 위해 가장 많이 쓰는 에너지원은 음식이에요. 음식에서 얻는 화학 에너지로 몸속 세포들이 생명을 유지하거든요. 이를 가리켜 '생명 활동'이라고 하지요. 일상에서도 다양한 에너지원을 통해 에너지를 얻어요. 우리가 사용하는 에너지원은 크게 화석 연료와 재생 에너지로 나눌 수 있어요.

화석 연료는 아주 먼 옛날 지구상에 살았던 생물이 땅에 묻혀 오랜 시간이 지나 만들어졌어요. 석탄은 식물이 물속이나 땅속에서 공기가 닿지 않은 상태로 분해되어 탄소 성분만 남은 거예요. 액체 상태인 석유(원유)는 땅속에서 뽑아내 등유, 경유, 가솔린 등 다양한 형태로 만들어 사용해요. 석탄이나 석유가 있는 곳에서는 가스가 나오기도 하는데 그걸 천연가스라고 한답니다. 석탄, 석유, 천연가스는 대표적인 화석 연료이지요.

  화석 연료를 태우면 열에너지가 발생하는데, 이 열에너지를 전기 에너지로 바꾸는 것이 바로 화력 발전이에요. 그런데 화석 연료를 태우면 열에너지만 나오는 게 아니라 이산화 탄소와 미세 먼지도 함께 나와 지구 온난화와 환경 오염을 가져오게 되었어요. 게다가 땅속에 묻혀 있는 화석 연료는 양이 정해져 있기 때문에 언젠가 바닥나는 날이 올 거예요.

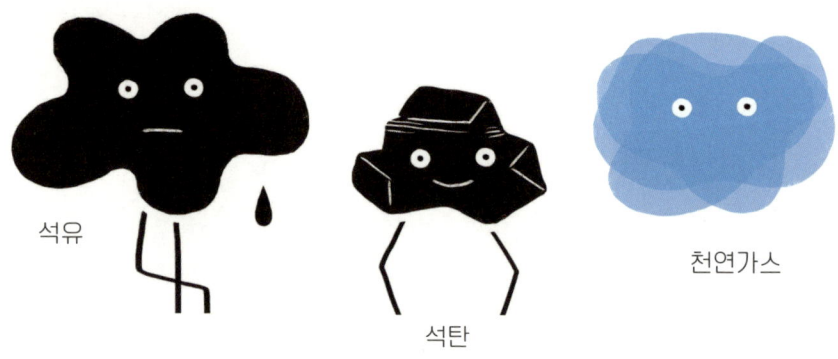

석유 석탄 천연가스

  반면 한정된 화석 연료와는 달리 아무리 써도 다시 생성되는 재생 에너지가 있어요. 태양, 바람, 물, 조류(밀물과 썰물), 파도, 지열(지구 내부의 열), 바이오 연료 등이 재생 에너지에 속해요.

  재생 에너지원은 이산화 탄소나 미세 먼지 같은 오염 물질이 나오지 않아요. 그래서 더 많은 연구가 진행되면 화석 연료를 완벽하게 대체할 미래 에너지가 될지도 모른답니다.

지식을 담은 지식 전지

지구를 데우는 온실가스가 위험하다고?

지구를 데우는 온실 효과를 일으키는 기체들을 온실가스라고 불러요. 대표적으로 이산화 탄소와 메테인이 있지요. 지구에 도달한 햇빛은 70퍼센트만 지구에 흡수되고 30퍼센트는 대기와 지표면에 튕겨서 다시 우주로 빠져 나가요. 지구의 대기와 지표가 흡수한 에너지를 지구가 다시 우주로 방출하게 되어 기온을 일정하게 유지하지요. 그런데 온실가스는 지구가 흡수한 에너지를 우주로 빠져 나가지 못하게 가둬서 지구의 기온이 점점 높아지게 되고 폭염, 폭우, 가뭄, 홍수 등 이상 기후 현상이 생겨요. 이로인해 위험한 상황이 생기는 걸 기후 위기라고 부른답니다.

에너지를 연구한 과학자들

에너지를 연구한 과학자들은 아주 많아요.
전지를 발명한 볼타와
전기 마술사로 불린 테슬라,
천재 물리학자 아인슈타인도 있지요.

철학자에서 물리학자까지 많은 과학자가 에너지를 연구했어요

인류의 역사에서 에너지와 관련 있는 사람들이 무척 많아요. 그리스 초기 자연 철학에서는 세상을 지배하는 우주의 근본 원리를 아르케라고 했지요. 철학자들은 아르케를 찾으려고 노력하면서 에너지의 본질에 대해 탐구하기 시작했어요. 그중에서도 에너지의 활용 방법을 발전시킨 대표적인 과학자들에 대해 살펴보아요.

탈레스 Thales, B.C. 624~546

고대 그리스의 철학자예요. 최초의 철학자, 철학의 아버지라고도 불러요. 탈레스는 달이 태양을 가리는 일식을 예언하고 피라미드의 높이를 측정했어요. 수학의 기초를 세운 수학자이기도 해요. 탈레스는 만물은 물에서 나온다고 주장했어요. 신이 아니라 자연에서 만물의 원리를 찾으려고 한 것이지요.

제임스 와트
James Watt, 1736~1819

영국의 기계 기술자예요. 석탄을 태워 만든 증기의 힘으로 움직이는 증기 기관을 더욱 성능 좋게 개량했지요. 와트 덕분에 공장에서 물건을 대량으로 만들며 산업화 시대가 시작되었어요.

루이지 갈바니
Luigi Galvani, 1737~1798

이탈리아의 의학자예요. 개구리 해부 실험을 하다가 동물 전기를 발견했어요. 갈바니의 이론은 볼타 전지 발명의 기초가 되었어요.

알렉산드로 볼타
Alessandro Volta, 1745~1827

이탈리아의 물리학자예요. 1800년에 전지를 처음으로 개발했는데 '볼타 전지'라고 불러요. 전압의 크기를 나타내는 단위 '볼트(V)'도 볼타의 이름에서 따 온 것이에요. 전지는 간편하게 들고 다닐 수 있는 건전지가 만들어진 이후 축전지, 리튬 이온 전지, 연료 전지 등 크기가 작아지고 오래 쓸 수 있도록 발전하고 있어요.

니콜라 테슬라
Nikola Tesla, 1856~1943

크로아티아 출신의 미국 전기 공학자이자 발명가예요. 전자기학을 연구해 전기 회사를 설립했어요. 변압기, 발전기, 교류 유도 전동기를 제작했으며 25개 나라에서 272개의 특허를 획득했어요. 전기 천재, 전기 마술사라고도 불려요.

알버트 아인슈타인
Albert Einstein, 1879~1955

독일 출신의 미국 물리학자예요. 광전효과, 상대성 이론 등을 연구했고 1921년 노벨 물리학상을 수상했지요. 그의 이론은 원자폭탄을 만드는 데 이용되었어요. 아인슈타인은 관습이나 틀에 얽매이지 않아 천재 과학자, 또는 괴짜 과학자라고도 불려요.

에너지 역사 수업 > 1

산업 혁명이 뭐예요?

열에너지를 운동 에너지로 바꾼다고?

증기 기관은 석탄으로 물을 끓여 생긴 수증기의 힘으로 기계를 돌리는 장치를 말해요. 영국의 공학자였던 뉴커먼이 발명했지요. 증기 기관이 등장하기 전 에너지는 늘 처음 모습과 똑같았어요. 열에너지는 익히거나 가열하는 열에너지로만 이용되고, 물레방아가 돌아가는 운동 에너지는 곡식을 빻는 운동 에너지로 이용되었지요. 하지만 증기 기관은 열에너지를 운동 에너지로 바꾸어 주었어요. 에너지의 형태가 바뀌어 이용된 것이지요.

증기 기관 덕분에 시작된 산업 혁명

뉴커먼이 발명한 증기 기관은 얻을 수 있는 에너지가 너무 적어서 효율적이지 않았어요. 그때 제임스 와트는 증기 기관의 문제점을 개량해서 적은 연료로 많은 에너지를 얻을 수 있게 했어요.

개발된 증기 기관 덕분에 많은 공장이 생기고 이제 사람들은 한꺼번에 많은 물건을 만들어 낼 수 있게 되었어요. 이처럼 인류 역사에 큰 영향을 주었던 변화를 '산업 혁명'이라고 불러요.

영국에서는 방적 공장에서 옷감을 만드는 면을 대량 생산하기 시작했고 면직물은 영국의 대표 산업이 되었어요. 유럽의 다른 나라에서도 다양한 물건이 많이 만들어졌어요. 이것을 1차 산업 혁명이라고도 부르는데, 석탄이 1차 산업 혁명을 이끌었다면 19세기 말 석유와 전기가 2차 산업 혁명을 이끌었어요. 석유로 달리는 자동차가 개발되면서 자동차 보급이 확대되었고, 공장에 전기가 공급되면서 생산성이 크게 향상되었지요.

오늘날까지 이어지는 3차, 4차 산업 혁명

1969년 인터넷을 통한 컴퓨터 정보화 및 자동화 생산 시스템이 보급되면서 3차 산업 혁명이 시작되었어요. 오늘날 4차 산업 혁명은 인공 지능, 사물 인터넷, 로봇 기술, 자율 주행차, 가상 현실 등이 주도하며 에너지 효율성 향상과 스마트 그리드, 에너지 관리에 새로운 기회를 제공하고 있지요. 또한, 에너지 소비 모니터링 및 조절 기술도 발전할 수 있어요. 하지만 로봇이 인간을 대체하면서 일자리 감소와 인공 지능의 위협 등의 문제가 일어날 수 있어요.

>> **2교시**
지구를 괴롭히는

약당이 된 에너지

화석 연료는 현재까지 인류가 가장 많이 사용하고 있는 에너지원이에요. 하지만 지구 온난화와 환경 오염을 일으킨다는 문제가 있어요. 게다가 땅속에 묻혀 있는 화석 연료는 양이 정해져 있어서 언젠가는 바닥나는 날이 올 거예요.

검은 황금이라 불리는 이유

석유는 교통수단의 원료가 되고
다양한 제품을 만드는 원료가 되기도 해요.
가장 많이 사용하는 화석 연료이지요.

수억 년에 걸쳐 만들어진 석유는 한정된 화석 연료예요

자, 퀴즈를 내 볼게요. 밤하늘처럼 까맣고 풀처럼 끈적거려요. 머리가 지끈거릴 정도로 독한 냄새도 나요. 가장 중요한 특징은 불이 아주 잘 붙는다는 거예요. 과연 무엇일까요?

정답은 '석유'예요. 석유는 화석 연료 중에서도 가장 많이 사용되는 에너지원이지요. 그래서 '검은 황금'이라는 별명을 가지고 있어요.

석유는 자동차, 기차, 비행기 같은 교통수단의 연료로 쓰여요. 게다가 다양한 플라스틱 제품의 원료가 되기도 하지요. 장난감부터 반찬통, 물병 등 우리가 날마다 사용하는 가볍고 튼튼한 플라스틱은 대부분 석유로 만들어진 거예요. 자동차 타이어는 물론 장화, 골프

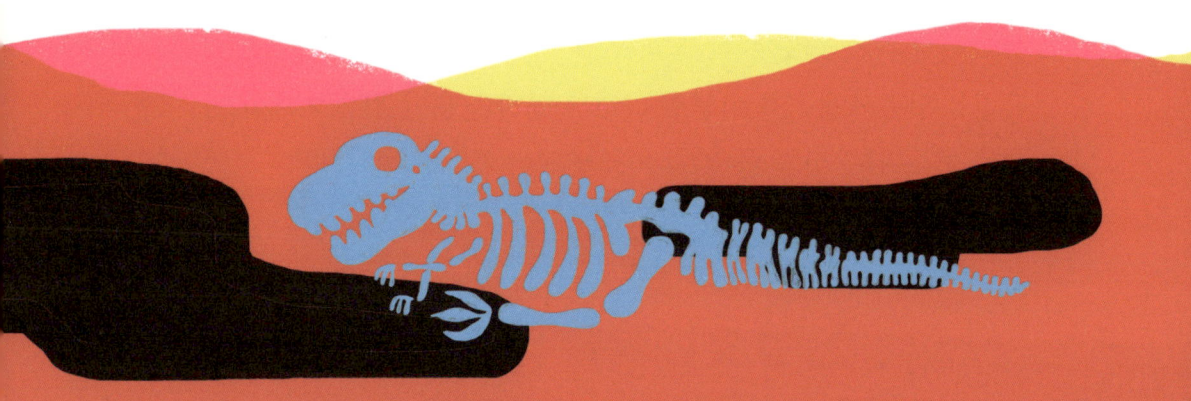

공, 호스 등을 만드는 합성 고무도 석유로 만들지요.

그런데 석유가 만들어지는 데 시간이 얼마나 걸리는지 알면 깜짝 놀랄 거예요. 석유는 지질 시대 동물과 식물이 수억 년 동안 산소가 없는 깊은 땅속에 묻혀 있어야 만들어지거든요. 석유의 존재는 고대부터 알려져 있었지만 당시 사람들은 석유를 어떻게 이용해야 하는지 몰라서 쓸모가 없다고 여겼답니다.

석유는 여러 가지 이름으로도 불려요. 땅속에서 뽑아낸 원래 상태의 석유는 '원유'라고 하는데 이 원유를 끓여서 여러 종류의 석유를 만들 수 있지요. 액체는 종류에 따라 끓는 온도가 다르다는 원리를 이용한 것이에요. 그렇게 만들어 낸 석유는 중유, 경유, 등유, 가솔린 등으로 나눌 수 있어요. 마지막에 남은 찌꺼기는 아스팔트라고 해요. 주로 도로를 포장할 때 쓰는 검은색 물질이에요. 게다가 액체 성분을 모두 빼면 프로페인이나 뷰테인 같은 가스 성분도 나와요. 석유는 정말 버릴 게 없지요?

석유가 많이 나오는 곳을 '유전(油田)'이라고 해요. 한자를 풀이하면 '기름밭'이라는 뜻이지요. 탐사를 통해서 유전을 찾아내면 땅에 구멍을 뚫고 '유정(油井)'이라고 하는 석유 샘을 만들어요.

땅속에 있는 자원을 탐사하거나 구조, 상태를 알아보기 위해 구멍을 파는 것은 '시추'라고 해요. 만약 바닷속이나 땅속 깊은 곳에서 유전을 발견하면 석유가 묻힌 곳까지 구멍을 뚫기 위해 거대한 장비가 필요해요. 이 장비를 '시추 플랫폼'이라고 부른답니다.

지식을 담은 지식 전지

석유를 거의 수입한다고?

우리나라는 에너지원의 90퍼센트 이상을 다른 나라에서 사 와요. 그중에서도 가장 큰 비중을 차지하는 건 석유예요. 석유가 없으면 우리의 일상이 멈춰요. 석유는 공장을 돌리고 교통수단을 움직이는 연료로 쓰일 뿐만 아니라 플라스틱, 화학 비료, 옷, 약품, 화장품, 장난감 등 온갖 것을 만드는 데 쓰이니까요. 석유는 묻혀 있는 양이 지역마다 고르지 않은 탓에 에너지 불평등을 가져와요. 석유가 많이 묻혀 있는 곳은 중동인데, 중동에 있는 석유량은 전 세계 석유 매장량의 거의 절반을 차지해요. 이곳은 석유를 얼마나 생산할지 결정해 전 세계를 쥐락펴락하지요.

산업 혁명을 이끈 석탄

수억 년 동안 땅속에 묻힌 식물은 석탄이 되었어요.
탄소 성분만 남아 단단해진 석탄은 오늘날까지도 많이 쓰이는 화석 연료랍니다.

화력 발전소에서는 석탄을 이용해 전기를 만들어요

석탄은 화력 발전소에서 전기를 만드는 데 사용되는 주요 에너지원 중 하나예요. 석탄 성분은 생성 시기나 식물의 종류에 따라 달라지지만, 탄소 성분이 많을수록 불이 잘 붙어 좋은 연료로 분류되지요. 가장 깊은 지층에서 많이 나오는 '무연탄'은 탄소 성분이 90퍼센트나 돼서 불이 잘 붙고 연기는 적어요. 온돌방을 데우는 연탄이 바로 무연탄으로 만든 것이에요.

석탄은 석유와 함께 산업 혁명을 이끈 주인공이에요. 물론 오늘날까지도 아주 많이 쓰이고 있고, 특히 화력 발전소에서 전기를 만드는 연료가 되지요. 물을 끓여 나오는 수증기가 터빈을 돌려 전기를 만드는데 이 과정은 어느 발전소에나 비슷해요. 에너지원이 무엇이냐에 따라 발전소의 종류가 달라진답니다. 화력 발전소는 화석 연료가 에너지원이에요. 그중에서도 석탄을 가장 많이 쓰지요. 석탄을 태워 물이 끓으면서 나오는 수증기가 터빈을 돌리는 거예요. 터빈이 돌아가면 터빈과 연결된 발전기가 작동해서 전기를 만들어

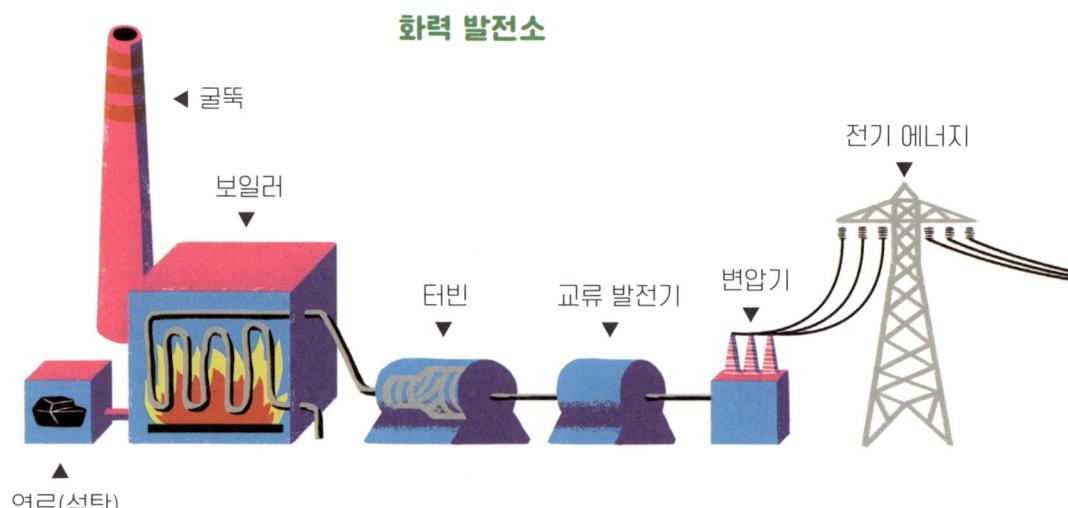

화력 발전소

요. 발전 과정은 간단하지만, 석탄 사용은 대기 오염과 온실가스 배출과 같은 환경 문제를 만들어요. 이러한 문제들로 인해, 많은 나라들이 환경친화적인 에너지원으로의 전환을 찾고 있어요. 하지만 석탄은 여전히 전 세계적으로 널리 사용되는 에너지원이며, 현대 산업 사회를 지탱하는 중요한 역할을 하고 있답니다. 석탄이 가진 역사적 중요성과 현재의 역할을 이해하는 것은 에너지와 환경에 대한 우리의 인식을 넓히는 데 도움이 될 거예요.

> 화력 발전소에서 주로 쓰는
> 화석 연료는 석탄이에요.
> 석탄을 태워 물을 끓이고,
> 수증기가 터빈을 돌리는
> 과정을 거쳐서
> 전기가 만들어지지요.

일상에서 많이 쓰는 천연가스

땅속에 묻혀 있는 천연가스는
화석 연료 중에서 가장 친환경적이에요.
난방이나 교통수단의
연료로 많이 쓰인답니다.

천연가스는
친환경적이에요

  천연가스는 석유와 마찬가지로 아주 오래전에 발견됐어요. 석유가 솟아나는 곳이나 석탄이 묻혀 있는 동굴 속에서 말이지요. 이탈리아의 발명가인 알렉산드로 볼타는 늪에서 부글부글거리는 하늘색 거품을 보고는 가져가서 몇 가지 실험을 했어요. 그리고 하늘색 거품이 불에 매우 잘 타는 성질을 가진 기체라는 걸 처음으로 알아냈지요.

하지만 석유나 석탄과는 달리 천연가스는 우리가 사용한 지 수십 년밖에 되지 않았어요. 천연가스가 나오는 곳에서 사용할 곳까지 이어 주는 기다란 파이프가 필요했거든요. 예전에는 기다란 파이프를 만들려면 비용이 너무 많이 들었는데 지금은 기술이 발달해서 문제없어요.

천연가스는 석유, 석탄보다
미세먼지도 이산화 탄소도 더 적게
내놓는 에너지원이에요.

천연가스는 석유와 석탄이 있는 곳뿐만 아니라 늪이나 쓰레기 매립지에서도 생겨요. 심지어 동물이 소화를 시킬 때도 만들어져요. 가축으로 기르는 소들이 내보내는 메테인의 양은 무려 전 세계 메테인 배출량의 약 4분의 1을 차지해요. 메테인은 온실가스이기 때문에 사람들은 육식을 줄여서 소가 만드는 메테인을 줄이자는 캠페인을 벌이기도 해요.

천연가스는 여러 기체의 혼합물이에요. 메테인, 뷰테인, 프로페인을 비롯해 이산화 탄소, 질소, 수소 같은 갖가지 기체가 섞여 있지요. 나머지 기체를 제거하고 메테인만 정제하면 전기를 만들거나 난방을 하는 연료로 쓸 수 있어요.

우리가 요리를 하거나 집을 데울 때 쓰는 도시가스의 주요 성분이 바로 액체로 만든 메테인이에요. 메테인은 원래 투명하고, 냄새도 나지 않고, 독성도 없어요. 하지만 불이 아주 잘 붙지요. 그래서 도시가스가 새는 걸 알리기 위해 일부러 냄새가 나는 다른 가스를 섞어요. 아주 적은 양이라도 새어 나오면 바로 감지할 수 있도록 말이에요.

천연가스는 석유나 석탄을 태울 때보다 미세 먼지를 더 적게 내보내요. 이산화 탄소는 50퍼센트나 더 적게 내놓지요. 화석 연료 중에서는 가장 친환경적인 에너지원이에요.

이런 까닭에 천연가스는 화력 발전을 비롯해 난방과 교통수단의 연료로 점점 더 많이 사용되고 있어요.

무시무시한 힘을 가진 핵 에너지

원자의 원자핵이 쪼개질 때 생기는 에너지를 이용해 원자력 발전소에서는 많은 전기를 만들어요. 하지만 방사선과 방사성 폐기물은 아주 위험해요.

원자핵의 핵분열 반응이
에너지를 만들어요

 우리를 둘러싸고 있는 모든 것은 원자로 이루어져 있어요. 원자는 물질을 이루는 기본 입자로, 아주 작아서 맨눈으로는 볼 수 없어요. 원자는 원자핵을 이루는 양성자와 중성자 그리고 원자핵 주위를 도는 전자로 구성돼요. 양성자 수에 따라 원자의 종류가 달라지지요. 지금까지 알려진 원자의 종류(원소)는 모두 118가지예요.

 원자핵이 쪼개지는 걸 '핵분열 반응'이라고 부르고, 핵분열 반응이 일어나면 열에너지와 방사선이 나오는데 이런 원소들을 '방사능 원소'라고 불러요. 우라늄이나 플루토늄 등이지요.

 우라늄 원자핵에 중성자가 부딪치면 우라늄 원자핵이 쪼개지면서 원자핵 안에 있던 중성자들이 튀어나와요. 그 중성자들이 다른 원자핵에 부딪치면 핵분열 반응이 계속 이어져요.

 원자력 발전소에서는 우라늄의 핵분열 반응을 이용해서 터빈을 돌려요. 터빈을 돌리는 과정은 화력 발전과 비슷해요. 핵분열 반응을 할 때 나오는 뜨거운 열에너지로 물을 끓이고 수증기로 터빈을

핵 분열 반응

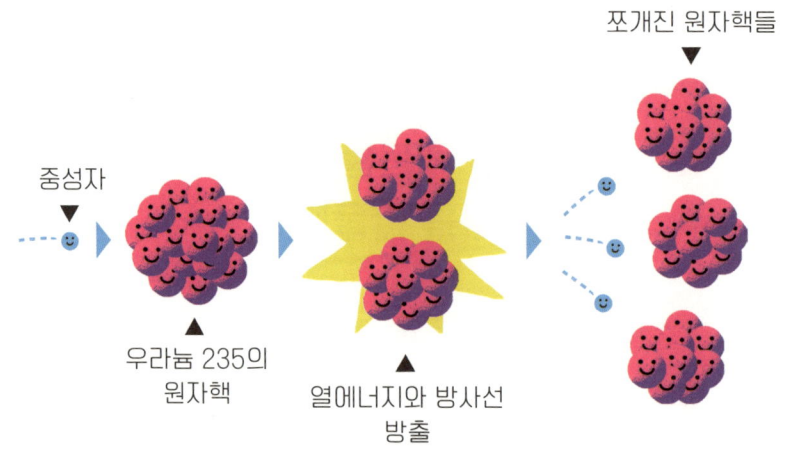

※ 양성자 수는 같지만 중성자 수는 다른 원소들도 있어요. 이런 원소들을 동위원소라고 불러요. 우라늄은 동위원소가 3개나 있어요. 우라늄 234, 우라늄 235, 우라늄 238이지요.

원자는 정말 작은 입자로,
우리 눈에는 보이지 않아요.
원자력 발전소에는 우라늄이라는 특별한
원자를 쪼개서 엄청난 에너지를 만들어요

돌려 전기를 만들지요.

  핵분열 반응을 이용해서 전기를 만들면 이산화 탄소도 미세 먼지도 나오지 않아요. 그럼 원자력 발전이야말로 화석 연료를 대체할 친환경 에너지원이 아닐까 생각하지요? 하지만 원자력 발전에서는 아주 심각한 문제가 있어요. 바로 방사선이에요. 방사선은 강력한 에너지를 가지고 있는 빛줄기라고 할 수 있어요. 방사선은 핵분열 반응을 할 때 나오고, 핵분열 반응이 끝나고 남는 방사성 폐기물에서도 계속 뿜어져 나온답니다.

  사람이 강한 방사선을 쬐면 즉시 목숨을 잃거나 심각한 화상을 입어요. 약한 방사선도 오래 쬐면 우리 몸을 이루는 세포들이 망가져서 암이나 백혈병에 걸리지요. 그러니까 원자력 발전소에서 나오는 방사성 폐기물은 무시무시한 골칫거리예요.

원자력 발전은 깨끗한 에너지를 만들지만
방사능이라는 몸에 해로운 위험 요소가
있어서 조심히 다뤄야 해요.

에너지 사회 수업 > 2

원자력 발전, 위험해요, 안전해요?

많은 에너지를 얻을 수 있어요!

원자핵을 쪼개면 엄청나게 큰 핵분열이 일어나는데, 1초 동안 100억 번 이상 잇달아 일어나요. 우라늄 1킬로그램으로 얻을 수 있는 에너지는 석탄 3천 톤으로 만드는 에너지와 맞먹을 정도니 엄청나게 많은 에너지를 얻을 수 있지요. 게다가 온실가스도 내지 않아 원자력 발전은 크게 관심을 끌었
어요. 지금 우리나라에서 사용하는 전기 에너지의 30퍼센트는 원자력 발전으로 얻은 것이에요.

끔찍한 방사선 누출 사건

핵분열 때 나오는 방사성 물질을 잘못 관리하면 한꺼번에 수많은 사람들이 목숨을 잃을 수 있고, 몇십 년이 지나도 후유증으로 기형아를 낳을 수 있어요. 그래서 원자력 발전소에서는 방사성 물질을 엄격하게 관리하고 있어요.

1986년 원자력의 위험을 전 세계 사람들에게 알린 엄청난 사건이 있었어요. 우크라이나의 체르노빌 원자력 발전소에서 방사선이 누출된 사건이에요. 수천 명의 사람이 죽거나 병에 걸렸어요. 원자력 발전소가 있던 곳은 식물도 자라지 못하는 죽음의 땅이 되었고, 주변 마을에서도 기형아가 많이 태어나고 암에 걸리는 사람이 많았어요. 사고가 난 지 40년이 다 되었지만 지금도 출입 금지 구역이랍니다.

일본의 오염수 방류는 괜찮을까?

일본에서는 2011년 최대 규모 9.0에 이르는 '동일본대지진'이 발생했어요. 그때 후쿠시마 원자력 발전소가 물에 잠기면서 방사선이 누출되었어요. 거의 체르노빌 원자력 발전소 사고와 맞먹는 심각한 상황이었지요. 이후 일본은 후쿠시마 원자력 발전소가 안전하다는 것을 강조하며 인근 지역의 해산물이나 야채를 먹자는 운동을 벌이기도 했어요. 하지만 방사능에 오염된 물을 바다에 흘려보내고 있어 우리나라뿐만 아니라 주변 나라에서는 크게 걱정하고 있어요.

>> **3교시**

에너지가 가득한 태양

우리가 지구에서 살 수 있는 건 태양 에너지 덕분이에요.
태양은 우리에게 미래의 에너지도 선물해 주었어요.

태양과 지구의 거리

지구는 태양과 적당한 거리를 유지하고 있어서
다양한 생명체가 살 수 있어요.
태양의 빛과 열은 다양한 에너지원으로 사용되지요.

태양 빛은 공평한 에너지원이에요

태양은 아주 거대해요. 우주를 연구하는 천문학자들은 태양이 자연에 존재하는 가장 둥근 물체라고 생각하지요.

태양은 수소와 헬륨으로 이루어져 있어요. 수소 원자는 서로 부딪치면서 끊임없이 핵융합 반응을 일으켜요. 수소 원자끼리 핵융합 반응이 일어나면 헬륨이 만들어지지요. 핵융합 반응이란 원자핵이 서로 결합하여 새로운 원소를 만들면서 엄청난 열에너지와 빛 에너지를 내놓는 현상을 말해요.

태양에서 나와 지구에 도달하는 빛 에너지는 지구에 생물이 살 수 있도록 해 주었어요. 만약 태양과 지구 사이의 거리가 더 가까웠더라면 아마도 지구는 불탔을지도 몰라요. 반대로 태양과 지구 사이의 거리가 더 멀었더라면 지구는 얼어붙었을 거고요. 물론 생명체도 살 수 없었겠지요.

태양에서 나오는 빛 에너지에는 방사선이 있어요. 하지만 지구는 지구 자기장과 오존층이 방사선을 막아 주고 있어서 크게 걱정할 필요가 없답니다.

태양 빛이 지구에 닿는 데 걸리는 시간은 8분 20초 정도예요. 빛의 속도로 날아오기 때문에 엄청 빠른 거랍니다. 만약 KTX를 타고 최고 속도로 간다고 하면 무려 57년이나 걸리는 거리예요. 태양은 지구에서 약 1억 5000만 킬로미터나 떨어져 있기 때문이지요.

태양 빛은 태양이 사라지기 전까지는 줄어들지 않을 거예요. 게다가 환경 오염을 일으키지도 않아서 태양 빛은 우리가 점점 더 많이 사용하고 있는 에너지원이기도 해요.

태양에서 나오는 빛은 어느 대륙에서나 비교적 자유롭게 에너지원으로 사용할 수 있어요. 물론 태양 빛을 전기 에너지로 바꾸는 기술이 발달하지 못한 나라에서는 에너지를 생산하는 게 쉽지는 않아요. 하지만 특정 지역에만 묻혀 있는 화석 연료처럼 다른 나라에 의존하지 않고도 사용할 수 있는 공평한 에너지원이지요.

지식을 담은 지식 전지

태양을 만들수도 있다고?

태양은 1초에 수소 폭탄 2천억 개의 에너지를 만들 수 있어요. 수소 원자의 핵융합 반응 덕분이지요. 태양의 중심은 아주 높은 온도의 플라스마 상태예요. 인공 태양을 만들려면 플라스마 상태를 만들어야 하는데, 그 온도가 무려 1억 도 이상이나 된답니다. 이렇게 높은 온도를 만들 수 있다고 해도 에너지를 담을 용기가 있어야 하지요. 과학자들은 인공 태양을 만들기 위해 토카막 장치를 만들었어요. 그리고 여러 나라가 힘을 모아 국제 핵융합 실험로에서 함께 연구하고 있어요.

돌고 돌아 태양으로 돌아가요

식물은 태양의 빛 에너지를
화학 에너지로 바꾸어요.
사람은 식물을 먹고
화학 에너지를 얻지요.
모든 에너지는 태양에서 나온답니다.

태양은 우리에게
미래의 에너지도 선물해 주어요

외부와 접촉이 없는 상태에서는 에너지가 생겨나거나 사라지지 않아요. 하지만 에너지는 계속 모습을 바꾸지요. 그리고 에너지가 모습을 바꾸어도 전체의 양은 변하지 않아요. 앞에서 이것을 '에너지 보존의 법칙'이라고 부른다고 했어요. 우주를 지배하는 가장 기본적인 법칙이지요. 다른 말로 '열역학 제1법칙'이라고도 부른답니다.

태양에서 지구에 도달한 빛 에너지도 모습을 다양하게 바꾸어요.

식물은 태양에서 나온 빛 에너지를 화학 에너지로 바꾸어서 저장해요. 이 과정을 광합성이라고 하지요. 동물이 식물을 먹으면 식물에 저장된 화학 에너지를 이용하여 몸을 움직입니다.

사람의 예를 들면, 음식을 먹으면 화학 에너지를 얻어요. 그리고 화학 에너지를 운동 에너지로 바꾸어 근육을 움직일 수 있지요. 근육을 움직이면 공도 찰 수 있고요. 이처럼 에너지가 어떻게 모습을 바꾸는지 살펴보면 모든 에너지가 결국 태양에서 나온다는 것을 알 수 있어요.

태양에서 나오는 열에너지가 지표면을 데우면 그 위에 있는 공기도 뜨거워져요. 뜨거워진 공기가 위로 올라가면 빈자리를 찬 공기가 채우지요. 이렇게 공기가 움직이면서 바람이 불어요. 바람의 힘을 이용해서 풍력 발전으로 전기 에너지를 얻을 수 있어요.

또 태양에서 나오는 열에너지는 강물과 바닷물을 증발시켜요. 공기 중에서 수증기가 물방울로 변해 뭉치면 구름이 돼요. 구름 속 물방울들이 뭉쳐 무거워지면 빗방울이 되어 땅 위로 떨어져요. 그게 바로 비예요. 빗물이 모이면 강물이 되고 바닷물이 되지요. 물을 모아 댐이나 저수지를 만들어 수력 발전으로 전기 에너지를 얻을 수도 있지요.

말하자면 모든 것이 하늘 위에 떠 있는 태양에서 시작돼요. 그럼 태양의 빛 에너지와 열에너지로 깨끗한 에너지를 만들 수도 있지 않을까요?

지식을 담은 지식 전지

우주에 만든 태양광 발전소

우주에 쏘아 올려 지구 주변을 돌고 있는 인공위성은 태양광을 이용해 에너지를 얻고 있어요. 국제 우주 정거장이나 우주 망원경 등도 마찬가지예요. 우주에서는 구름이나 날씨의 영향을 받지 않기 때문에 종일 태양 빛을 바로 받을 수 있지요. 그래서 과학자들은 우주에 태양광 발전소를 만들기로 했어요. 마치 나비처럼 날개를 펼친 태양광 전지판이 빛을 받아 전기를 만들어요. 그리고 마이크로파로 바꾸어 지구에 쏘는 거지요. 그러면 지구에서는 마이크로파를 전기 에너지로 바꿔 쓸 수 있어요.

지구로 오는 열에너지와 빛 에너지

태양은 엄청난 에너지를 뿜어내고 있어요. 지구에서는 태양의 열에너지와 빛 에너지를 전지판으로 모아 열에너지와 전기 에너지를 얻지요.

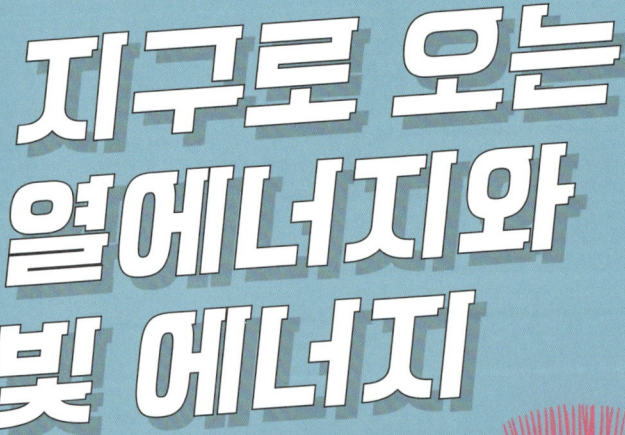

태양의 열에너지와 빛 에너지는 다양하게 이용되어요

 오래전부터 태양은 시인, 화가, 음악가들에게 영감을 주었어요. 하지만 가장 중요한 건 태양이 우리 태양계에서 가장 큰 에너지원이라는 거예요. 우리는 태양이 지금까지 해 왔고 앞으로도 계속할 일이 무엇인지 이미 알고 있어요.

 그럼 어떻게 해야 태양에서 지구로 날아오는 엄청난 에너지를 활용할 수 있을까요? 단 몇 분 만에 전 세계 사람이 한 해 동안 가전제품을 사용하고 전기 자동차를 몰고 다니기에 충분할 정도로 많은 양의 에너지를 말이에요.

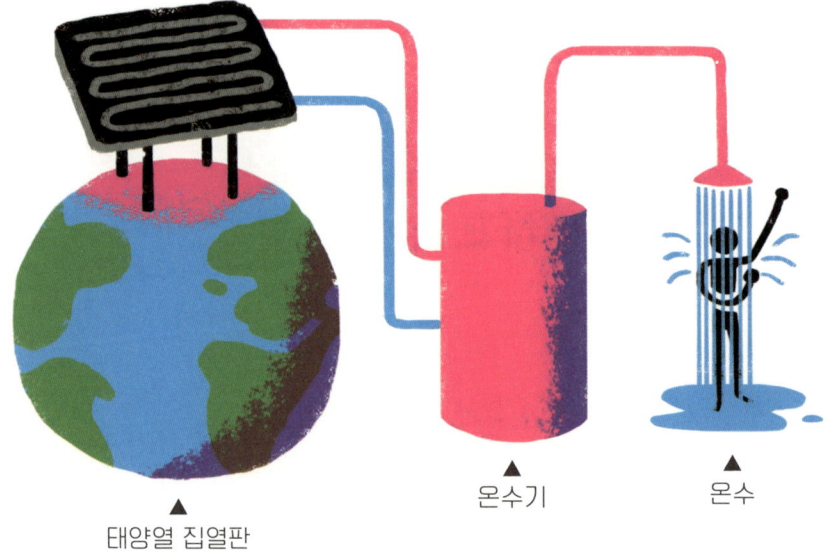

▲ 태양열 집열판　　▲ 온수기　　▲ 온수

　안타깝게도 우리는 아직 태양에서 오는 에너지를 모두 저장하는 방법을 찾지 못했어요. 하지만 태양의 열에너지와 빛 에너지를 각각 다른 방법으로 사용하고 있지요.

　첫 번째 방법은 '태양열 난방'이에요. 태양의 열에너지를 모으는 장치인 태양열 집열판을 통해 물을 데워 난방을 하는 거예요.

　두 번째 방법은 '태양광 발전'이에요. 태양의 빛 에너지를 전기 에너지로 바꿀 수 있는 장치인 태양광 전지판을 통해 전기 에너지를 얻지요.

　태양광 전지판을 멀리서 보면 커다란 칠판처럼 보여요. 가까이서

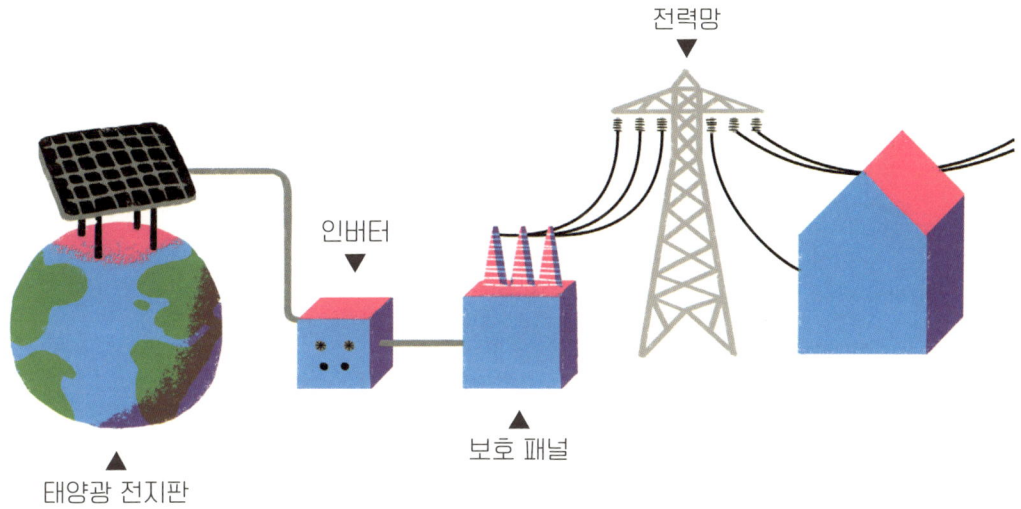

보면 검은 판에 하얀 선들이 가로세로로 그어져 있는 걸 볼 수 있어요. 전지판을 이루는 물질은 모래의 주성분이자 유리의 원료인 규소예요. 규소는 빛 에너지를 받으면 전기 에너지를 만들 수 있답니다. 과정을 간단히 살펴보면, 빛 에너지는 '광자'라고 하는 아주 작은 알갱이로 구성되어 있어요. 광자가 태양광 전지에 부딪치면 전자가 방출되는데, 이것을 광전 효과라고 해요. 광전 효과로 전기 에너지를 얻을 수 있어요.

재생 에너지원을 찾아요

환경을 위한 첫걸음,
교통 의정서부터 파리 기후 협약까지.
모두가 노력해야 하는 여정의 시작이에요.

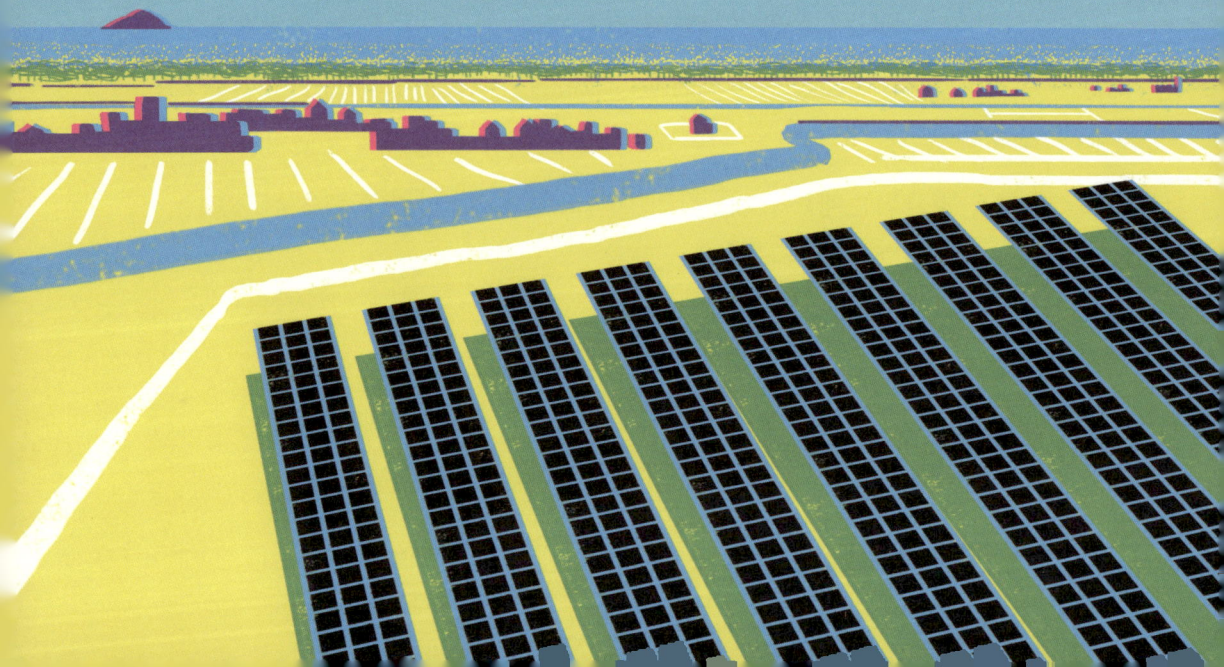

에너지 선택이 지구의 모습을 결정해요

　수많은 나라가 물, 바람, 지열, 태양 등 줄어들지 않는 깨끗한 에너지원을 점점 더 많이 사용하고 있어요. 이런 에너지원들은 다른 말로 '재생 에너지원'이라고 해요. 화석 연료에 대한 의존을 줄이고 환경친화적인 대안을 제공하지요. 재생 가능한 에너지의 중요성은 1997년 일본 교토에서 시작된 국제적인 노력으로 더욱 강조되었어요. 이게 무슨 말이냐고요?

　1992년 지구의 건강과 미래 번영을 위해 브라질 리우데자네이루

광자　　　　　규소　　　　　전기 에너지

에서 열린 지구 정상 회담에서는 '지구를 건강하게, 미래를 풍요롭게'라는 표어를 내걸고 지구 정상 회담이 열렸어요. 178개국 이상의 정부와 민간단체 대표들이 모여 온실가스 감축에 대한 필요성을 인식하고 약속을 했지요. 하지만 온실가스 감축을 위한 구체적인 방법에 대해서는 합의에 이르지 못했어요. 그래서 1997년 일본 교토에 다시 모여 온실가스를 줄이기 위한 구체적인 실천 방법을 문서로 만들었어요. 이 문서를 가리켜 '교토 의정서'라고 해요. 이 의정서는 온실가스 감축 목표를 설정하고, 이를 이행하기 위한 국제적인 협력의 틀을 제공했어요.

그 후 2015년, '파리 기후 협약'이 모든 국가들에게 온실가스 감축을 의무화했어요. 이 협약은 전 세계가 기후 변화에 맞서 싸우기 위해 함께 노력해야 한다는 것을 강조하며, 재생 가능한 에너지로의 전환을 촉진했습니다.

하지만 지구의 미래를 위한 이 여정은 이제 시작이에요. 정부와 기업, 시민 모두가 재생 가능한 에너지원으로의 전환, 에너지 효율 향상, 그리고 환경 보호를 위한 노력과 관심이 필요해요. 우리가 어떤 에너지원을 통해 에너지를 얻느냐에 따라 지구의 모습은 달라질 거예요. 재생 가능한 에너지원을 통해 깨끗하고 지속 가능한 미래를 만들어가는 것은 우리 모두의 책임이며, 이를 위한 작은 실천들이 모여 큰 변화를 이끌 수 있어요.

지식을 담은 지식 전지

달리면서 에너지를 모으는 자동차

 버려지거나 남는 에너지를 모아 전기 에너지로 바꾸는 기술을 일컬어 '에너지 하베스팅'이라고 해요. 하베스팅은 수확한다, 거두어들인다는 뜻이지요.
 에너지 하베스팅을 이용해 자동차 엔진에서 발생하는 열을 이용해 배터리를 충전할 수 있고, 배터리에서 나오는 열로 좌석을 따뜻하게 데울 수도 있어요. 자동차 지붕에 태양광 전지판을 달면 맑은 날에는 전기를 만들 수 있어요. 에너지 하베스팅으로 사람의 움직임이나 진동, 소리 등으로도 에너지를 만들 수 있어요.

에너지 과학 수업 > 3

태양이 언젠가는 사라진다고요?

태양의 수명은 100억 살?

태양은 약 46억 년 전에 생겨났어요. 우주를 떠다니는 먼지구름과 가스가 뭉쳐져서 태양을 만들었어요. 태양을 도는 행성들과 태양계의 다른 천체들은 태양을 만들고 남은 먼지구름과 가스가 모여서 만들어졌어요.

과학자들은 태양의 수명을 약 100억 년으로 예상하고 있어요. 예상대로라면 지금으로부터 약 50억 년 후에 수명을 다할 거예요. 그때가 되면 태양이 부풀어 올라 몇몇 행성들을 집어삼킨 뒤에 바깥쪽은 떨어져 나가고 안쪽은 쪼그라들 거예요. 작아진 태양은 남은 행성들을 붙잡을 힘을 잃을 뿐만 아니라 천천히 식다가 결국은 빛을 잃고 말 테고요.

지구는 태양이 필요해요

지구는 1초에 30킬로미터 정도의 속도로 태양 주위를 돌고 있는데 갑자기 태양이 사라지면 같은 속도로 어디론가 날아가게 될 거예요. 마치 돌멩이에 실을 묶어서 빙빙 돌리다가 줄을 끊어 버린 것처럼요. 날아간 지구가 소행성과 부딪히기라도 한다면, 정말 큰일이겠죠? 물론 태양에서 멀어지는 순간 엄청난 추위로 생명체가 살 수는 없어요.

태양이 사라진다고 걱정할 건 없어요. 지구에 인류가 등장한 건 고작해야 500만 년 전이니까요. 앞으로 50억 년이나 태양이 타오르는 동안 무슨 일이 벌어질지 모르잖아요.

인공 태양을 만들자

과학기술이 눈부시게 발전하면 다른 항성이 있는 곳으로 지구를 이동시키거나 태양을 대신할 인공 태양을 만들어 낼지도 몰라요. 과학자들은 2050년이면 인공 태양을 실용화할 수 있을 거라고 보고 있어요. 영화에서나 나올 법한 이야기라고요? 하지만 휴대 전화가 만들어지고, 사람이 비행기를 타고 다니고, 우주여행을 가는 일은 과거에 상상조차 하지 못했던 일이었어요. 물론 지금은 당연한 일이 되었지요!

빙글빙글 날개를 돌리는 바람 에너지

오래전부터 사람들은 바람을 이용해 왔어요. 그러다 터빈을 돌려서 전기를 얻는 풍력 발전기도 만들었지요. 바람을 이용한 풍력 발전은 깨끗한 재생 에너지예요.

바람을 이용해 오염 없는 에너지를 만들어요

　칠레의 유명한 시인인 파블로 네루다는 "바람은 말이다."라고 했어요. 바람이 들판이든 산이든 해변이든 바다든 어디든 달릴 수 있는 말이라고 표현한 것이지요. 눈에 보이지 않지만 나뭇가지를 휘게 하고 낙엽을 날릴 수 있다고 했어요.

　바람은 과연 무엇일까요? 바람은 공기가 움직이는 거예요. 공기가 움직이는 현상은 '대류'라고 해요. 공기가 뜨거워지면 팽창하여 주변의 공기보다 밀도가 작아지기 때문에 위로 올라가요. 그러면 온도가 낮고 밀도가 높은 공기가 아래로 내려오게 되지요. 이러한 과정을 되풀이하면서 공기가 순환하는 거예요. 그래서 난방 기구는 아래에 두고 에어컨과 같은 냉방 기구는 위쪽에 두는 것이 좋아요.

움직이는 물체는 운동 에너지를 가지고 있어요. 바람도 공기가 움직이는 거잖아요. 그래서 인간은 고대부터 바람이 가진 운동 에너지를 이용했어요. 배에 돛을 달아 먼 바다로 나아갔고, 풍차를 돌려 곡식을 빻고 우물에서 물을 길어 올리기도 했어요.

불과 100년 전쯤에야 사람들은 바람의 운동 에너지를 전기 에너지로 바꿔야겠다고 생각했어요. 이걸 '풍력 발전'이라고 불러요. 미국의 널따란 초원에 처음으로 풍력 터빈이 세워졌어요. 그리고 시간이 지나면서 점점 더 성능도 좋아지고 크기도 커졌지요. 오늘날에는 높이가 무려 100미터나 되는 것도 있답니다.

풍력 발전기는 거대한 바람개비처럼 생겼어요. 바람이 불어서 커다란 날개를 돌리면 날개와 연결된 발전기가 작동해서 전기를 만들어 내지요. 풍력 발전기는 바람이 많이 부는 곳에 세워야 해서 들판이나 산비탈에 가면 종종 볼 수 있어요.

요즘은 풍력 발전기를 바다에 설치하기도 해요. 육지보다 바다에서 바람이 더 자주, 강하게 불거든요. 게다가 바다에 풍력 발전기를 설치하면 자연 풍경을 해칠 일도 없지요.

풍력 발전은 어떤 오염 물질도 나오지 않아 깨끗한 재생 에너지예요. 하지만 새나 비행기가 풍력 발전기에 부딪치는 사고가 있기도 하고, 바람이 불지 않는 날에는 에너지를 만들 수가 없다는 단점도 있어요. 아직은 설치비도 많이 들지요. 앞으로 더욱 기술이 발달하면 비용을 줄이고, 안전하게 만들 수 있을 거예요.

지식을 담은 지식 전지

바다 위에 풍력 발전기가 우뚝?

　바다에 세운 풍력 발전은 '해상 풍력 발전'이라고 해요. 바닷속에 고정하는 방식과 바다 위에 떠 있는 두 가지 방식이 있고, 계속 다양해지고 있어요.
　덴마크 미들그룬덴 해상 풍력 단지에는 바다 위에 풍력 발전기가 줄을 지어 늘어서 있어요. 덴마크는 세계 최초의 인공 에너지 섬을 만들 계획을 세우고 있는데 주변에 풍력 발전기 200여 대를 세워 활용할 거라고 해요. 인공 에너지 섬은 육지에서 약 80킬로미터 떨어진 바다 위에 축구장 18개 정도의 규모라고 해요.

위에서 아래로 흐르는 물 에너지

강물을 막아 댐을 만들면 에너지를 얻을 수 있어요. 위에서 아래로 떨어지는 물이 터빈을 돌려 전기를 만들지요.

물 수조 ▲
댐 ▼
◀ 파이프
발전기 ▼
터빈 ▶
수력 발전소

흐르는 강물을 막아 댐을 만들면 전기를 얻을 수 있어요

　우리는 물을 마시지 않으면 살 수 없어요. 그건 누구나 알지요. 하지만 물이 깨끗하고 줄어들지 않는 에너지원이라는 건 모르는 사람도 있을 거예요. 물이 가진 위치 에너지를 전기 에너지로 바꾸는 걸 '수력 발전'이라고 해요. 오늘날에는 수력 발전을 하기 위해 흐르는 강물을 막아서 댐을 만들어요. 댐에 갇힌 강물은 파이프를 통해 높은 곳에서 낮은 데로 떨어지면서 터빈을 돌려요. 그러면 터빈과 연결된 발전기가 작동해 전기를 생산하지요.

　수력 발전은 환경을 더럽히지 않아요. 강물이 떨어질 때 위치 에너지가 운동 에너지로 바뀌는 것을 이용해 전기를 만드는 것이니 물이 줄어들 염려도 없고요. 다만 동식물이 사는 곳을 파괴할 수 있다는 단점이 있어요. 흐르는 강물을 막아서 댐을 만들면 물고기가 자유롭게 강을 오갈 수 없을뿐더러 강 주변의 땅이 잠겨 커다란 호수가 생기거든요. 또한, 댐이 들어서는 지역에서는 사람들이 정든 마을을 떠나야 하기도 해요.

밀물과 썰물을 이용한 바다 에너지

바닷물은 끊임없이 밀려들고 밀려나요.
밀물과 썰물의 흐름을 이용해
에너지를 얻을 수 있어요.

바닷물의 흐름과 해수면의 온도 차이로 전기를 얻을 수 있어요

 강물로만 수력 발전을 할 수 있는 건 아니에요. 달이 지구를 끌어당기는 힘 때문에 바닷물이 밀려들고 밀려나는 밀물과 썰물의 흐름을 '조류'라고 해요. 조류를 이용하면 터빈을 돌려 전기 에너지를 얻을 수 있어요. 이것을 '조력 발전'이라고 부르지요. 어떤 지역은 밀물과 썰물 때 해수면의 높이가 10미터나 넘게 차이가 나기도 해요. 지구가 태양을 돌고, 달이 지구를 돌고 있는 동안에는 조류를 이용해 계속 에너지를 만들 수 있지요.

 우리나라에서는 서해안에 조력 발전소가 많아요. 서해안의 가로림만, 인천만, 아산만 등은 바닷물이 다 들어와 있는 만조와 바닷물이 빠져나가 있는 간조의 차이가 큰 곳이거든요.

 또한, 파도의 높이 차이를 이용하거나 해수의 온도 차이를 이용해서 발전을 하기도 해요. 바닷물의 소금기가 적거나 많은 것으로도 전기를 만들 수 있지요. 물론 아직은 비용이 많이 들고 설치도 어려운 등 해결해야 할 문제가 많아요.

땅속 깊이 뜨끈뜨끈 지열 에너지

땅속의 열을 이용해 에너지를 얻어요.

지열을 이용해 물을 끓이고 전기 에너지를 얻어요

'지열'이란 지구 안에 있는 열에너지를 말해요. 지구 중심 쪽으로 내려갈수록 뜨거워지는데 100미터 내려갈 때마다 약 2~3도씩 올라간답니다. 지구 중심의 온도는 무려 섭씨 6,000도에 이르거든요.

땅속을 흐르는 물이 지열로 데워지면 수증기가 생기는데, 이 수증기가 땅 위로 뿜어져 나오면 온천이 만들어져요. 아주 오랜 옛날부터 사람들은 지열을 이용해 온천을 즐겼어요. 아메리카 원주민들은 1만 년 전부터 뜨거운 온천에서 목욕을 했어요. 수천 년 전 로

지열펌프
겨울에는 차가운 물이 땅속으로 내려가며 데워져요.
따뜻해진 물은 다시 땅 위로 올라가요.

8°C

뜨거운 공기

마 제국도 온천을 이용해 목욕탕을 운영했지요. 유럽과 아시아 사이에 있는 튀르키예에도 수많은 온천이 있고, 일본과 대만에도 온천이 많아요. 온천이 많은 나라들의 공통점은 바로 지진이나 화산 활동이 활발하게 일어나는 곳이라는 거예요.

지열 발전은 땅속 깊이 구멍을 뚫고 물을 내려보내 물을 끓여서 터빈을 돌려요. 그러면 터빈과 연결된 발전기에서 전기를 만들지요. 세계 최초의 지열 발전소는 1904년 이탈리아 토스카나주의 라데렐로에 세워졌어요. 120년이 지났지만 아직도 가동되고 있답니다.

지열 발전은 화산 지대뿐만 아니라 땅을 깊이 팔 수 있다면 어디서든 이용할 수 있어요. 하지만 땅을 파다가 지진이 발생할 수도 있기 때문에 제대로 조사하고 대비해야 해요.

땅에서 130미터 아래의 온도는 섭씨 15도

고소한 바이오 에너지

식물이나 동물에게서도 에너지를 얻어요.
바이오 에너지로 만든 바이오 에탄올,
바이오 디젤로 자동차가 달리게 할 수 있지요.

생물에게서 얻은 바이오 에너지는 이산화 탄소를 줄이는 재생 에너지예요

생명체에서 열에너지를 얻을 수 있는 방법이 있어요. 사탕무, 사탕수수, 해바라기, 해조류 등을 이용해 바이오 연료를 만들 수 있거든요. 바이오는 생물을 뜻하는데, 바이오 연료는 식물이나 동물, 미생물로 만든 연료를 가리키지요.

바이오 연료는 화석 연료보다 이산화 탄소를 적게 배출해 많은 관심을 받고 있어요. 가장 많이 사용되는 바이오 연료로 바이오 에탄올과 바이오 디젤이 있어요. 바이오 에탄올은 사탕수수, 밀, 보리, 옥수수, 감자, 고구마 등에서 얻은 포도당을 발효시켜 만들어요. 바이오 디젤은 식물이나 동물에서 얻은 지방으로 만들지요.

나무의 톱밥이나 자투리 나무를 이용해 만든 '팰릿'도 바이오 연료예요. 석탄 대신 목재 팰릿을 이용하면 이산화 탄소 발생을 많이 줄일 수 있답니다. 하지만 바이오 연료는 식량을 연료로 쓴다는 점에서 여러 문제점이 있어요. 식량이 부족해질 수도 있고, 작물을 기를 때 드는 비용과 환경 오염도 걱정해야 하지요.

에너지 미래 수업 > 4

쓰레기가 에너지가 된다고요?

쓰레기와 똥은 쓸모없다?

우리나라 전체에서 하루 동안 버려지는 쓰레기의 양은 약 40만 톤 정도예요. 음식물 쓰레기는 약 2만 톤 정도이지요. 또한, 가축의 분뇨는 암모니아 가스가 발생해서 공기를 오염시키는데, 소 1마리는 사람 11명 정도의 분뇨를 만들어 낸다고 해요. 그런데 이러한 쓰레기와 분뇨를 처리하는 기술이 발달하면서 음식물 쓰레기와 가축의 똥오줌에서 바이오 메테인을 만들 수 있게 되었어요.

똥으로 만드는 연료

　영국에서는 똥으로 만든 연료로 운행하는 버스가 있어요. 브리스톨 공항과 시내를 오가는 이 버스의 연료는 지역 주민들의 똥오줌과 음식물 쓰레기로 만들었어요. 연료를 버스에 가득 채울 정도의 양은 5명이 1년 동안 눈 똥으로 만든 양이라고 해요. 이 정도면 300킬로미터를 갈 수 있대요! 미국에서는 공원의 동물 분뇨로 전기를 만들어 가로등을 밝혔어요. 독일의 젖소 농장에서는 젖소의 똥을 모아 전기로 만들었고요. 우리나라에서도 음식물 쓰레기로 만든 바이오 가스로 전기를 만들고 있어요. 축산 농장에서는 가축의 분뇨 덕분에 난방비를 아낄 수 있다고 해요. 앞으로도 분뇨를 이용한 재생 에너지 생산 시설은 더 늘어날 예정이에요.

불필요한 쓰레기를 줄여요

　플라스틱, 비닐, 종이, 나무 등은 재활용하거나 고체 연료로 만들 수 있어요. 쓰레기를 태울 때 나오는 열에너지를 다시 이용할 수도 있고요. 하지만 이때도 환경 오염을 일으킬 수 있기 때문에 불필요한 쓰레기를 만들지 않는 게 가장 중요해요. 그런 다음 환경은 보호하면서 안전하게 쓰레기를 이용할 수 있는 방법을 찾는 것이 중요하지요.

토론 수업

생각해 봐요
에너지 시민

1모둠

토론 주제
기후 위기

여러분, 갑자기 발생하는 폭우, 폭설, 홍수, 한파 등으로 인해 전 세계에서 많은 사람들이 고통받고 있는 기후 현상을 뭐라고 하는지 아시나요? 바로 '기후 위기'라고 합니다. 레이첼 카슨이 『침묵의 봄』에서 말했듯, 지구상 모든 생명은 연결되어 있습니다. 그래서 기후 위기는 지구에 사는 수많은 생명을 위협하고 있어요. 이렇듯 안전한 미래를 위해 각자의 역할이 매우 중요합니다. 정부는 환경 보호법을 만들고, 기업은 더 깨끗한 에너지원을 사용해야 하며, 과학자와 공학자들은 친환경 기술을 개발해야 하지요. 그렇다면 시민들은 무엇을 할 수 있을까요? 지속 가능한 세상을 만들기 위해 우리도 일상에서 작은 행동을 할 수 있어요. 그럼 지금부터 에너지 관련 주제로 그룹을 나누어 토론해 봅시다.

이준   최근 들어 '사상 최악의 폭염' '기록적인 한파'와 같은 말들을 많이 듣는데요. 선생님 말씀을 들어보니 이런 극단적인 기상 현상들이 기후 위기의 결과라는 것을 알게 되었어요. 매년 그 변화의 정도가 심해지고 있다는 사실이 놀랍고 앞으로의 미래가 걱정돼요.

시우   우리 인간들이 이렇게 큰 변화를 겪고 있다면 분명 동물과 식물들은 더 많은 영향을 받고 있을 거예요. 자연을 지붕 삼아 살아가는 이들에게 기후 변화는 생존에 직접적인 위협이 될 수 있으니까 말이에요.

민서   맞아요! 기후 변화는 생태계 균형에도 영향을 미치는 거 같아요. 갑작스러운 기온 변화로 새로운 종이 나타나거나 개체 수가 기하급수적으로 늘어날 수 있다고 하더라고요. 그래서 그런가, 지난여름 우리 아파트 옆 산에 사랑벌레가 엄청나게 생겨서 한여름인데도 문을 열기가 힘들 정도였어요.

지호   그러고 보니 얼마 전에 봤던 영상에서는 북극의 얼음이 빠르게 녹으면서 북극곰들의 생존 공간이 점점 줄어들고 있다는 내용이 생각나요. 단순히 한 종의 문제가 아니라, 북극 생태계에 대한 위협이나 다름없어요.

선생님 그래요, 우리가 사는 이 지구의 생태계는 서로 긴밀하게 연결되어 있어요. 예를 들어, 바닷속 수온이 상승하게 되면 산호초가 백화 현상을 겪게 되고 산호초에 의존하는 많은 바다 생물들이 위협을 받게 되지요.

서연 그런데 산호초가 왜 그렇게 중요한 건가요? 우리가 직접 먹거나 사용하는 것도 아닌데 말이에요.

선생님 산호초는 바다 생태계에서 매우 중요한 역할을 해요. 바다 생물의 약 25%가 산호에 기대 살아서 '바다의 숲'이라고 불리기도 하지요. 그런데 바닷물 온도가 높아지면서 산호초에 백화 현상이 일어나게 되고, 산호초가 사라지게 됩니다.

서연 그렇다면 산호가 사라지는 것이 먹이 사슬에 영향을 미치고, 결국 상위 포식자에게까지 영향을 끼친다는 거군요. 기후 변화가 생태계 전체에 미치는 영향이 정말 크다는 것을 알 수 있어요!

선생님 맞아요. 첫 번째 모둠에서는 현재 지구의 기후 위기가 얼마나 심각하고 왜 문제인지를 알아보았습니다. 그럼 다음 두 번째 모둠으로 넘어가도록 하겠습니다.

2모둠

토론 주제
에너지 불평등

　'에너지 불평등'에 대해 배워볼까요? 잠깐, 에너지 불평등을 알아보기 전에 알아야 할 용어가 있어요. 그것은 '화석 연료'입니다. 화석 연료는 석유나 석탄처럼 우리 생활과 밀접해요. 자동차 운행이나 공장에서 다양한 작업을 수행하는 데 필요한 에너지원이지요. 하지만 화석 연료는 지구 온난화의 주요 원인이며, 지구를 더 뜨겁게 만드는 환경 문제를 발생시킵니다. 또 다른 문제는 이러한 화석 자원이 지구상에서 고르지 않게 분포한다는 사실이에요. 우리나라처럼 석유가 부족한 나라들은 에너지원의 90% 이상을 석유 생산국에서 수입해야 합니다. 이로 인해 중동의 석유 공급에 점점 더 의존하게 되고 비용이 증가하며 만약 석유 공급이 중단된다면 생활에 필요한 필수품마저 얻기 어려워질 거예요. 이러한 현상을 일컬어 '에너지 불평등'이라고 합니다.

이준 우리나라에도 석유나 석탄 같은 화석 연료가 있지만, 그 양이 충분하지 않다고 들었어요. 그렇다면 우리나라는 에너지를 어떻게 확보하고 있나요?

선생님 물론 우리나라에서도 화석 연료를 얻을 수 있지만, 그것만으로는 모든 국민이 풍족하게 사용하기에는 턱없이 부족해요. 그래서 대부분은 생산국에서 수입하고 있지요. 이 문제는 우리나라의 에너지 안보에 간접적인 영향을 미치게 돼요.

민서 만약에 화석 연료를 생산하는 나라에서 석유를 안 팔거나 가격을 올리겠다고 하면, 우리나라처럼 자원이 없는 국가의 경우 어쩔 수 없이 그대로 받아들여야 하는 건가요?

선생님 안타깝게도 그렇답니다. 물론 각 나라의 대표자들이 시장의 가격 변동을 막기 위해 다양한 노력을 하고 있어요. 그런데 가격 상승이 발생하면 가난한 나라에서는 석유를 구매하기 어려워지기 때문에 더위나 추위를 피하고자 에너지를 마음껏 사용할 수 없다는 거예요. 이것이 바로 전 세계적인 에너지 불평등의 한 예라고 볼 수 있죠.

지호 세계의 에너지 불평등뿐만 아니라, 한 나라 안에서도 불평등은 존재하는 것 같아요. 경제적으로 어려운 사람들은 충분한 난방과 냉방을 할 수 없는 경우가 많으니까요.

민서 얼마 전에는 경제적으로 어려움을 겪는 분들이 비싼 석유 가격으로 보일러를 마음껏 틀지 못하고 추운 겨울을 연탄 한 두 장으로 보낸다는 기사를 읽은 적이 있어요.

선생님 에너지 불평등은 다양한 형태로 나타나고 있어요. 그럼 또 다른 측면에서 불평등한 점에 대해 이야기해 볼게요. 우리가 앞서 배운 원자력 발전소는 주로 어디에 있나요?

학생들 대부분 지방에 있어요!

선생님 맞아요. 댐이나 풍력 발전기가 있는 곳을 떠올려 보면 쉽게 알 수 있지요. 이러한 시설물의 배치는 지역적인 불평등을 불러일으킵니다. 발전소 주변 지역은 고압 전선 탑이 설치되어 있어 지역 주민들은 환경적, 건강적 위험에 쉽게 노출되기 쉽죠. 만약 발전소에서 사고가 발생한다면 그 지역 주민들은 큰 피해를 보게 될 겁니다.

민서 에너지 생산과 관련해서 우리 주변에 존재하는 수많은 불평등에 대해 다시 생각해볼 문제인 거 같아요.

선생님 우리가 평소에 생각하지 못했던 에너지 불평등에 대해 여러 가지 측면에서 이야기해 보았습니다. 여러분이 이번 주제에 적극적으로 참여해 준 덕분에 더 깊이 있는 토론이 됐습니다. 그럼 세 번째 모둠의 주제로 넘어가 볼까요?

3모둠

토론 주제
기후 불평등

'기후 불평등'이란 말 들어보셨나요? 현재 기후 위기는 자연 현상이 아닙니다. 화석 연료 사용과 온실가스가 지구를 손상하고 있습니다. 이로 인해 비정상적인 날씨가 발생하고, 이는 선진국과 개발도상국에 다르게 영향을 미칩니다. 선진국은 화석 연료 사용과 온실가스 배출이 많지만 그로 인한 기후 변화의 피해는 부유한 선진국보다 가난한 개발도상국에 더 큰 피해를 주고 있습니다. 개발도상국은 재해에 대처할 수 있는 시설과 기술이 부족해 큰 어려움에 직면합니다. 반면 선진국은 고도의 기술로 대응할 수 있습니다. 개발도상국의 가옥은 자연재해에 취약하며, 홍수 시 쉽게 붕괴할 수 있습니다. 이러한 상황에서 기후 변화에 대한 우리의 작은 행동이 큰 변화를 가져올 수 있습니다.

시우 에너지를 많이 쓰는 나라와 그로 인해 피해를 받는 나라가 다르다니……. 기후 변화로 인한 불평등이 매우 심각하네요.

민서 그렇다면 농부들에게도 기후 변화는 큰 문제가 될 수 있겠네요. 폭우나 가뭄으로 인해 한 해 농사를 망칠 수 있잖아요. 그렇게 되면 그들의 생계까지 위협받게 되는 것일 테니까요!

지호 농업뿐만 아니라 해양 생태계도 큰 영향을 미치게 돼요. 수온이 상승하거나 어류의 이동 경로가 바뀌면 어부들이 이전만큼 고기를 잡지 못하게 될 거예요.

선생님 맞아요. 여러분이 말한 것처럼, 기후 변화는 전 세계적으로 불평등한 영향을 가져오죠. 특히 기후 변화의 원인을 제공한 나라들과 실제로 피해를 겪는 나라 간의 불균형이 심각해집니다.

서연 기후 변화로 인해 가장 큰 영향을 받는 사람들은 누구일까요?

선생님 가장 큰 영향을 받는 이들은 개발 도상국 주민들이에요. 이 나라들은 기후 변화에 적응할 자원이 부족하죠. 가뭄, 홍수, 열대야와 같은 극단적인 기상 현상으로 인해 그들의 삶이 직접적으로 위협받고 있어요.

이준 그럼 기후 불평등을 줄이는 방법은 무엇일까요?

선생님 우리가 할 수 있는 일 중 하나는 바로 탄소 발자국을 줄이는 거예요. 온실가스 배출의 주요 원인이 되는 일회용품 사용을 줄이거나, 불필요한 전등을 끄는 일 등을 할 수 있겠죠.

민서 그리고 기후 변화에 취약한 지역을 돕는 국제 협력도 필요해요!

선생님 맞아요. 국제적인 협력과 지원은 필수적이에요. 기후 변화는 국경을 넘어서는 문제이기 때문에 모든 나라가 함께 노력해야 합니다.

지호 그런 의미에서 우리도 일상에서 할 수 있는 작은 실천을 통해 기후 불평등을 조금씩 줄여나갈 수 있겠네요!

선생님 네, 여러분 각자가 할 수 있는 일들은 아주 많아요. 에너지를 절약하는 것부터 환경친화적인 제품을 사용하는 것까지. 우리 모두가 작은 실천을 통해 큰 변화를 만들 수 있습니다. 자, 그러면 이제 네 번째 모둠의 주제로 넘어가 볼게요.

4모둠

토론 주제
재생 에너지

　일 년 내내 흐린 날이 계속된다면 태양광 발전으로 에너지를 생산할 수 있을까요? 가뭄으로 저수지의 물이 모두 마른다면 어떨까요? 재생 가능 에너지는 날씨와 환경의 영향을 많이 받지만 화석 연료보다 오염 물질을 덜 배출한다는 장점이 있어요. 또 불평등과 고갈될 염려 없이 계속 사용할 수 있지요. 화석 연료를 대체하기 위해 우리는 에너지를 활용하는 방법을 계속 찾고 있습니다. 태양 에너지, 풍력 에너지, 바이오 에너지 등이 재생 에너지로 불려요. 이들 에너지는 환경 피해가 적고 효율적인 에너지 생산을 목표로 합니다. 친환경적이고 지속 가능한 에너지를 추구함으로써 화석 연료를 대체하고 더 건강한 지구를 만들 수 있습니다. 우리의 노력이 큰 변화를 가져올 수 있다는 것을 잊지 마세요!

이준　태양, 물, 바람, 바다……. 자연으로 에너지를 얻을 수 있다니, 정말 놀랍고 신기해요! 마치 미래의 기술을 보는 것 같아요.

시우　맞아요, 이제는 환경을 보호할 수 있는 에너지를 사용할 수 있어서 정말 다행이에요. 재생 에너지는 지속 가능한 미래를 위한 희망이에요!

민서　가축의 똥오줌으로 버스를 움직인다는 사실은 지금 생각해도 정말 흥미로운 이야기 같아요. 마치 모든 가능성이 계속해서 열리는 느낌이 든다고나 할까요? 앞으로 어떤 새로운 재생 에너지들이 나올지 기대돼요.

선생님　모두 재생 에너지에 대한 기대가 큰 것 같군요. 하지만 재생 가능한 에너지를 얻기 위해서는 발전소가 필요하고, 발전소를 건설하려면 어쩔 수 없이 자연을 훼손해야 해요. 따라서 우리는 에너지를 얼마나 필요로 하는지 또 어떻게 효율적으로 사용할 수 있는지를 신중하게 고려해야 합니다.

지호　그렇다면 앞으로는 에너지 생산과 소비를 예측하는 일이 굉장히 중요해지겠네요! 지구의 존재하는 모든 생명을 위해 일한다는 건 분명 멋진 일인 거 같아요. 저는 그 일을 직업으로 삼고 싶어요.

선생님 좋은 생각이에요! 에너지 생산과 소비를 예측하는 일은 재생 에너지 분야에서 매우 중요한 핵심 역할이 될 거예요. 우리 학생들도 에너지를 효율적으로 사용할 수 있는 방법은 많답니다. 에어컨이나 보일러 온도를 적절하게 맞추는 것 말고도요! 여러분 일상속에서 생각해 볼까요?

서연 음…… 핸드폰이나 컴퓨터일까요? 지난번에 핸드폰이 망가져서 고객센터에 방문했을 때 기사님이 말씀해주셨어요. 배터리 소모를 줄이기 위해서는 화면 밝기를 조절하거나, 실행하지 않는 앱을 종료시켜 전력 소비량을 줄일 수 있다고 말이에요!

선생님 정확히 알고 있군요! 핸드폰이나 컴퓨터 사용으로 쌓이는 데이터를 보관하기 위해서는 24시간 가동되는 대규모 데이터 센터가 필요합니다. 그래서 핸드폰이나 컴퓨터처럼 우리가 매일 사용하는 전자 기기의 사용을 줄이는 것 또한, 에너지 효율을 고려한 행동이라고 할 수 있죠.

이준 몰랐던 사실이에요. 에너지 시민으로서 우리가 실천하는 작은 일들이 환경을 위해 이렇게나 중요하다는 사실을 말이죠! 당장 오늘부터 주변 친구들과 지구 살리기 프로젝트를 시작해야겠어요!

5모둠

토론 주제
에너지를 아껴쓰는 방법

　각 모둠의 주제와 관련해서 다른 사람들의 의견을 듣고 에너지를 효율적으로 활용하는 다양한 방법에 대해 생각해 볼 수 있는 토론 시간이었습니다. '작은 에너지 절약이 지구에 큰 변화를 가져온다'라는 말은 우리가 일상에서 하는 작은 실천이 위기의 지구를 구하는 데 큰 도움이 된다는 뜻이지요. 불필요한 전력 소비를 줄이기 위해 불을 끄는 습관을 들이거나, 물을 아끼기 위해 수도꼭지를 꽉 잠그는 것 또한, 에너지를 아껴 쓰는 방법이 되겠네요. 각자가 책임감 있게 에너지를 절약하고 지속 가능한 생활을 실천한다면, 우리의 노력이 아름다운 지구를 만들 수 있습니다. 이제 각자 에너지를 효율적으로 사용하는 실용적인 방법을 말해볼까요?

이준 저는 밖에 나갈 때나 방을 사용하지 않을 때는 항상 전등을 끄려고 해요. 불필요하게 전기를 사용하지 않는 것이 중요하니까요.

시우 우리 집은 이번에 백열등을 모두 LED 전등으로 교체했어요! LED는 백열등보다 훨씬 적은 에너지를 사용하면서도 백열등만큼이나 밝고 환해요.

민서 집에서는 사용하지 않는 전자 제품의 플러그를 모두 뽑아요. 대기 전력도 에너지 낭비니까요. 플러그를 뽑는 습관을 들이면 전기요금 절약에도 도움이 돼요. 게다가 이 작은 습관이 환경 보호에도 일조한다는 걸 알고 더욱 실천하게 되었어요.

지호 저는 종이, 플라스틱, 캔 등을 철저하게 분리수거하고 있어요. 특히 플라스틱과 비닐을 따로 분리해 버리면 자원을 최대한 활용할 뿐 아니라, 일상에서 버리는 쓰레기양도 줄일 수 있어요. 재활용할 수 있는 자원들은 새로운 제품으로 다시 탄생하기도 하고요!

서연 우리 가족은 전부 자가용을 이용하지 않아요! 부모님은 대중교통으로 출퇴근하시고요, 저와 동생은 걸어서 등·하교해요.

짧은 거리는 자전거를 애용하기도 하죠. 이렇게 하면 에너지 소비를 줄일 수 있을 뿐 아니라 대기 오염도 줄어들고 건강도 챙길 수 있어요.

재근 우리 집 온도 지킴이는 바로 저예요! 여름에는 에어컨을 너무 낮게 설정하지 않고, 겨울에는 난방을 너무 높게 올리지 않죠. 적정 온도를 유지하는 것이 전력 소비를 아끼는 중요한 방법이라 생각해요. 온도를 적절히 조절하면 실내 환경도 더 쾌적해진답니다.

지안 저는 아빠와 함께 음식물 쓰레기를 버리는데요, 가능한 물기를 제거한 뒤 분리수거를 철저히 지켜요. 이렇게 하면 쓰레기 처리 과정에서 에너지 소비를 줄일 수 있어요. 또, 음식물 쓰레기를 줄이면 환경 오염도 줄일 수 있으니 그야말로 일석이조라 할 수 있죠!

하준 가전제품마다 에너지 효율 등급이 붙어 있는 걸 아시나요? 등급이 높은 제품일수록 에너지를 절약하는 데 도움이 돼요! 숫자가 적을수록 좋은 등급이에요. 그러니까 1등급 제품이 가장 좋은 에너지 효율을 보여 주겠죠? 또한, 이런 제품들은 장기

적으로 볼 때 비용 절감 효과도 있어요.

이현 베란다 한쪽에 저만의 작은 정원을 가꾸고 있어요. 요즘처럼 미세 먼지가 심한 날에는 창문을 열어 환기하기 어렵잖아요? 그럴 때 공기 정화 식물을 통해 집안 온도를 자연스럽게 조절해 주니까 에너지 절약에도 도움이 돼요. 식물은 광합성을 통해 이산화 탄소를 흡수하고 우리에게 필요한 산소를 내주니까요. 그리고 식물을 키우면서 자연과 더 가까워지는 느낌을 받을 수 있어 정서적으로도 많은 도움이 되더라고요.

석준 엄마와 마트에 갈 때면 일회용 비닐 봉투 대신, 에코백이나 장바구니를 들고 가요! 이렇게 하면 플라스틱 사용을 줄이고, 환경도 보호할 수 있거든요! 우리 가족은 이 작은 습관을 통해 환경 보호에 앞장서고 있답니다. 이런 작은 실천을 통해 마트에 갈 때마다 환경에 대한 의식도 높아지고 있어요.

선생님 와, 여러분이 실천하고 있는 다양한 방법들을 들으니 정말 대단한데요? 일상생활에서 우리가 에너지를 아끼는 방법들이 아주 많다는 걸 알게 되었지요? 이런 작은 실천들을 계속해서 유지한다면, 머지않아 쓰러져가는 지구도 금방 회복할 수 있을 거예요. 또, 새로운 실천 방법을 찾게 되면 공유하면서 에너지를 효율적으로 사용해보도록 합시다. 우리의 작은 실천 하나하나가 큰 변화를 만들어 낼 수 있어요. 그럼, 지구도 지킬 수 있는 에너지 시민이 되기를 바라며 에너지 시민학교 토론 수업을 마치도록 하겠습니다.

> 수업을 마치며

제5의 에너지는 에너지 절약

우리가 만들어가는 지속 가능한 미래

1.5도가 넘지 않기로 약속해요!

　전 세계 나라들은 기후 변화에 적극 대응하기 위해 '기후 변화에 관한 정부간 협의체(IPCC)'를 설립했어요. 이 협의체는 매우 중요한 목표를 가지고 있어요. 바로 지구의 평균 기온 상승을 산업화 이전 대비 1.5도 이내로 제한하는 것이에요. 과학자들은 지구 기온이 2도 이상 상승하면 해수면 상승, 극단적 기상 변화와 심각한 생태계 변화와 같은 치명적인 영향이 발생할 것으로 예측하고 있어요. 이러한 변화는 전 세계의 환경뿐만 아니라 경제, 사회에도 큰 영향을 미칠 수 있어요.

　그러나 최근 연구에 따르면, 현재의 기후 변화 대응 노력으로는 2040년이 되기 전에 이미 지구의 기온 상승이 1.5도에 이를 것으로 예상되고 있어요. 이는 우리가 지금보다 더 많은 노력을 기울여야 한다는 것을 의미해요. 1.5도의 목표를 달성하기 위해서는 전 세계적으로 탄소 배출을 줄이고, 재생 가능한 에너지 사용을 증가시키며, 에너지 효율을 개선하는 등의 광범위한 조치가 필요하답니다. 이 과정에서 각국 정부의 역할은 물론, 기업과 시민 단체, 그리고 개인의 참여도 매우 중요해요.

모두가 에너지를 만드는 생산자

이제는 우리 모두가 에너지 시민이 되어야 하는 시대가 왔어요. 에너지를 소비하는 것을 넘어, 에너지 생산에도 적극적으로 참여한다는 의미를 뜻하죠. 이러한 참여는 기후 위기에 대응하고, 에너지 생산과 공급 과정에서 발생하는 불평등을 줄이는 데 매우 중요한 역할을 해요. 개인이 어떻게 에너지를 만드냐고요? 가장 쉬운 예로 태양광 전지판을 집이나 건물에 설치하는 거예요. 이렇게 하면 개인이 필요한 만큼 언제든지 태양광을 통해 에너지를 얻을 수 있어요. 또 다른 방법은 지역 사회와 함께 에너지 협동조합을 설립하는 거예요. 조합원들이 돈을 모아 재생 가능한 에너지원으로 에너지를 생산하고 판매하는 일을 해요. 독일과 덴마크에서는 기후 위기를 막기 위해 지역 주민들이 직접 에너지 협동조합을 만들어 자체적으로 재생 에너지를 생산한다고 해요. 물론 우리나라에서도 시민 햇빛 발전소와 같은 에너지 협동조합이 세워지고 있어요. 우리 모두가 에너지 생산에 직접 참여함으로써 에너지 소비자이자 생산자로서 책임을 다할 수 있고, 지역 사회의 환경 보호와 경제 발전에도 도움이 된답니다. 누구든지 마음만 먹으면 재생 에너지를 이용해 에너지를 만드는 방법이 우리 앞에 있다니 정말 놀랍지 않나요?

RE100, 모든 에너지를 재생 에너지로

세계 경제를 이끄는 많은 다국적 기업들은 화석 연료의 사용을 줄이고 지속 가능한 미래를 향해 나아가기 위해 끊임없이 노력하고 있어요. 여러분은 혹시 '알이백(RE100)'이라는 캠페인을 들어 본 적 있나요? RE100은 '재생 에너지(Renewable Energy) 100 퍼센트'의 약자로, 기업 활동에 필요한 전기 에너지를 2050년까지 100% 재생 에너지로 전환하겠다는 약속을 의미해요. 이미 전 세계 기업들 중 많은 수가 'RE100'이라는 캠페인에 참여하고 있지요. RE100에 참여한 대표적인 다국적 기업으로는 애플, 구글, 메타(페이스북), 마이크로소프트, 3M과 같은 유명 기업들을 포함해 수백 개에 이릅니다. 이들 기업은 기후 위기에 대한 책임을 인식하고, 재생 가능한 에너지원으로의 전환을 통해 환경에 미치는 영향을 최소화하기 위해 노력하고 있어요. 다국적 기업들의 이러한 움직임은 전 세계 에너지 시장에 큰 영향을 미치며, 다른 기업들에도 재생 에너지로의 전환을 촉진하는 모범 사례가 될 거예요. 화석 연료를 과도하게 사용하는 기업들은 점점 더 많은 비판을 받고 있으며 결국 시장에서 경쟁력을 잃고 머지않아 사람들에게 외면당하고 뒤처질 거예요.

RE100 캠페인은 단순히 환경 보호 차원에서만 중요한 것이 아니에요. 이는 경제적 지속 가능성에도 매우 중요한 역할을 하고 있습니다. 재생 에너지로의 전환은 단순한 추세가 아닌, 미래를 위한 필수적인 단계가 되고 있어요. 그래서 우리도 재생 에너지를 사용하는 기업들을 선호하고, 응원하며, 지지해야 해요. 이것이 바로 경제와 환경을 모두 고려하는 에너지 시민이 보여주어야 할 행동이에요.

데이터를 주고받을 때도 에너지가 필요해요

우리가 매일 사용하는 인터넷을 이용해 서비스를 제공하는 기업들은 화석 연료의 사용을 줄이고 재생 에너지로 전환하는 데 앞장설 필요가 있어요. 왜냐고요? 이 모든 과정에는 막대한 양의 에너지가 필요하고 우리의 미래는 '초연결 사회'로 향하고 있기 때문이지요.

이는 사람과 사람, 사람과 사물, 사물과 사물이 인터넷을 통해 서로 연결되어 정보를 주고받는 사회를 뜻해요. 이러한 연결성은 우리의 삶을 편리하게 만들지만, 그 뒤에는 엄청난 에너지 소비가 숨어 있답니다. 인터넷을 통해 주고받는 모든 정보는 데이터 센터를 거쳐야 해요. 데이터 센터는 모든 정보를 저장하고 처리하는 곳이지요. 수천 대에서 많게는 수십만 대의 컴퓨터가 24시간 가동됩니다. 이러한 대규모 에너지 소비는 결국 기후 위기를 가속할 수 있어요. 그러므로 미래 사회가 가져다주는 편리함을 누리면서 동시에 기후 위기를 일으키지 않기 위해서는 재생 에너지 활용이 더욱 중요해지는 것이지요. 구글, 애플, 아마존과 같은 몇몇 기업들은 앞으로 몇 년 안에 재생 에너지로만 데이터 센터를 운영하겠다는 목표를 설정하고 이를 실천하고 있어요. 우리도 그들의 노력을 지지하며 응원해야 해요. 이것은 경제적 발전과 환경 보호를 동시에 고려하는 책임 있는 에너지 시민으로서 보여줘야 할 모범적인 행동이랍니다.

에너지 절약은 효율적으로 쓰는 것!

미국에서는 전통적인 에너지원인 불, 석유, 원자력에 이어 재생 에너지가 중요한 에너지원으로 자리 잡았어요. 그리고 최근에는 에너지 절약을 '제5의 에너지'로 제시하며 이에 대한 중요성을 강조하고 있지요. 이러한 변화는 에너지 사용에 대한 사람들의 사고가 단순한 소비에서 더 효율적이고 지속 가능한 방향으로 이동하고 있음을 보여줍니다.

　에너지 절약이란 단순히 아껴 쓰는 것만을 뜻하지 않아요. 이는 에너지 효율성이 높은 기술과 제품의 사용을 포함해요. 그것은 에너지를 효율적으로 사용하여 최대한의 효과를 얻는 것을 의미하지요. 또한, 에너지 절약은 경제적인 이점도 많이 가져와요. 에너지 효율성이 높은 제품을 사용하면 가정뿐만 아니라 산업 전반에 걸쳐 비용 절감과 함께 환경 보호라는 두 가지 큰 이익을 가져올 수 있어요. 에너지를 효율적으로 사용하는 것은 우리 지구의 한정된 자원을 보호하고, 기후 변화에 적극적으로 대응하는 데 매우 중요한 역할을 합니다. 이러한 크고 작은 노력들이 모여 지구 환경을 보호하고 더 나은 내일을 위한 기반을 마련할 수 있어요.

그린이 | 프란체스코 파냐니 Francesco Fagnani

이탈리아 메라노에서 태어나 일러스트레이터이자 만화가로 활동하고 있다. 다양한 시각적 언어를 끊임없이 탐구하며 특히 어린이를 위한 작품으로 미국, 프랑스, 영국은 물론, 세계 여러 나라에서 큰 주목을 받았다. 현재는 사치 예술 대학교에서 학생들을 가르치며 예술과 교육의 결합에 앞장서고 있다. 그린책으로 『리오의 보라색 치마를 입어요!』 등이 있다.

옮긴이 | 김현주

한국외국어대학교 이탈리아어과를 졸업하고, 이탈리아 페루자 국립대학과 피렌체 국립대학 언어 과정을 마쳤다. EBS의 일요시네마 및 세계 명화를 번역하고 있으며, 현재 번역 에이전시 하니브릿지에서 출판 기획 및 전문 번역가로 활동하고 있다. 『학교 울렁증』, 『잠파 선생님의 유쾌한 동물병원』, 『내 동생 짜증 나』, 『씨앗을 지키세요』 등 여러 책을 우리 말로 옮겼다.

감수·추천 | 서울과학교사모임

학교에서 아이들을 가르치면서 연구와 소통의 필요성을 느끼던 교사들이 1896년부터 물리, 화학, 지구과학, 생물 교과 모임을 만들면서 과학교사모임이 시작되었다. 1991년부터는 각 교과 영역을 통합하여 전국과학교사모임을 운영하고 있다. 그중 서울과학교사모임은 서울·경기 지역 과학 교사들이 모여 교과 내용 재구성, 학습 방법 연구, 실험 및 학습 자료 개발 등을 하며 그 연구 결과물은 전국과학교사모임과 공유한다. 지은 책으로는 『묻고 답하는 과학 톡톡 카페』, 『시크릿 스페이스』 등이 있다.

행동하는 에너지 시민학교
기후 위기와 에너지 전환 시대의 에너지 활용법

초판 1쇄 2024년 2월 25일

글쓴이 파비오 레오카타 | **그린이** 프란체스코 파냐니 | **옮긴이** 김현주
펴낸곳 책속물고기 | **출판등록** 제2021-000002호 | **주소** 서울특별시 영등포구 양평로 157, 1112호
전화 02-322-9239(영업) 02-322-9240(편집) | **팩스** 02-322-9243
책속물고기 카페 http://cafe.naver.com/bookinfish | **전자메일** bookinfish@naver.com
콘텐츠 프로바이더 와이루틴
ISBN 979-11-6327-151-3   73400

*이 책의 내용을 쓰고자 할 때는 저작권자와 출판사 양측의 허락을 받아야 합니다.
*잘못된 책은 바꾸어 드립니다.
*값은 뒤표지에 있습니다.

품명 아동 도서 | **제조일** 2024년 2월 25일 | **사용연령** 8세 이상 | **제조자** 책속물고기 | **제조국** 대한민국
연락처 02-322-9239 | **주소** 서울특별시 영등포구 양평로 157, 1112호
주의사항 ◎ 종이에 베이거나 긁히지 않도록 조심하세요. ◎ 책 모서리가 날카로우니 던지거나 떨어뜨리지 마세요.
KC마크는 이 제품이 공통안전기준에 적합하였음을 의미합니다.